JC

MW00627878

LE DIJE ADIÓS
a las Citas Amorosas

UNA NUEVA ACTITUD
HACIA EL ROMANCE Y LAS RELACIONES

Publicado por
Unilit
Miami, FL 33172

© 1999 Editorial Unilit (Spanish translation)
Primera edición 1999
Primera edición 2015 (Serie Favoritos)

© 1997 por Joshua Harris
Originalmente publicado en inglés con el título:
I Kissed Dating Goodbye por Joshua Harris.
Publicado por *Multnomah Books*, un sello de
The Crown Publishing Group, una división de Random House, LLC.,
12265 Oracle Boulevard, Suite 200, Colorado Springs, CO 80921 USA
Publicado en español con permiso de Multnomah Books, un sello de
The Crown Publishing Group, una división de Random House, LLC.
(This translation published by arrangement with Multnomah Books, an imprint of *The Crown Publishing Group*, a division of Random House, LLC.)

Todos los derechos de publicación con excepción del idioma inglés son contratados
exclusivamente por GLINT, P O Box 4060, Ontario, California 91761-1003, USA.
(All non-English rights are contracted through: Gospel Literature International, P O Box
4060, Ontario, CA 91761-1003, USA.)

Traducción: Gabriel Prada
Fotografía del autor: Kristen Leigh

El texto bíblico ha sido tomado de las siguientes versiones:
Reina-Valera © 1960 Sociedades Bíblicas en América Latina; © renovado 1988 Sociedades
Bíblicas Unidas. Utilizado con permiso.
Reina-Valera 1960® es una marca registrada de la American Bible Society, y se puede usar
solamente bajo licencia.
La Biblia al Día. © 1979 por la Sociedad Bíblica Internacional.
Usadas con permiso.

Producto 496988
ISBN 0-7899-1946-X
ISBN 978-0-7899-1946-5

Impreso en Colombia
Printed in Colombia

Categoría: Jóvenes /Citas amorosas y relación sexual
Category: Youth /Dating & Sex

A mis padres

Gregg y Sono Harris

Contenido

Prefacio

Hola.

Ya sé lo que estás pensando. "Voy a pasar por alto estas primeras páginas y me introduzco de lleno en la médula del asunto."

Espera un momento. No te apresures. Este prefacio es parte de la preparación necesaria para lo que vas a leer.

En realidad, de esto precisamente se trata este libro —esperar y prepararse—. Los conceptos y las ideas que encontrarás en estas páginas son bastante revolucionarios. Estoy contenta de que este libro haya llegado a.tus manos, ya que tiene el poder para librarte de mucha agonía innecesaria. El mismo posee la habilidad y el potencial de cambiar la manera de pensar de toda una generación. De hecho, ya ha afectado mi propia vida. Permíteme explicar a lo que me refiero.

Hace bastante tiempo que comparto la misma opinión respecto a las citas que tiene Josh (el autor de este libro y amigo mío). Tiene que ver con lo que alguien me expresó recientemente: ¿Por qué ir de compras si no vas a comprar nada? Precisamente. ¿Por qué insistir en salir con una chica o un chico en una cita amorosa, si no te puedes casar todavía? Tengo diecinueve años, y aunque nunca he salido en una cita, sí he adquirido a través de los años mucha experiencia, al ver a mis amigos involucrados en el juego. Y créanme que realmente es un juego. Y no es tan divertido como parece. Al contrario, parece ser algo doloroso y agonizante; y es por esta razón que he decidido esperar.

En segundo lugar, estoy segura de que aún no es el tiempo de Dios para mi vida. Tener un novio me causaría grandes distracciones. Puedo entretenerme con otras cosas y dejar de cumplir la obra que Dios desea que yo desempeñe durante estos años.

También soy partidaria de la siguiente filosofía: a mi edad, es más divertido andar en grupo, que estar involucrada en una relación personal.

Hace algunos días comencé a sentirme algo desanimada, al pensar que no tenía a nadie con quien soñar y para quien vestirme bonita. Fue entonces cuando leí este libro y sentí cómo Dios me daba ánimo por medio de las palabras de Josh.

No creo haber leído un libro donde al autor es tan honesto y real como lo es Josh en éste. Él trata directamente con los asuntos y las preguntas difíciles al hablar sobre este confuso tema: ¿debo tener novio o no? El autor ofrece respuestas muy prácticas a preguntas como éstas. Joshua Harris comparte su experiencia personal de manera muy poderosa; y ya que también es un joven, conoce de cerca el tema.

Una de las cosas que más me gusta sobre el escrito de Josh, es la manera en que lleva todo argumento a la Palabra de Dios, y cómo nosotros podemos vivir dirigidos por sus enseñanzas.

Y como lo conozco desde hace dos años, verdaderamente puedo decir que tal como lo escribe, así lo vive.

Así que prepárate a ser retado y alentado, y debes también prepararte para que tu punto de vista sobre el tema sea grandemente ampliado.

Gracias por seguir atento... que disfrutes mucho.

¡Permanece firme!
Rebecca St. James

Introducción

Leer un libro es muy similar a un noviazgo. Estoy de acuerdo en que la analogía no es perfecta (no podemos llevar un libro al cine a ver una película), pero cuando se lee un libro uno pasa tiempo a solas con él, lo agarra, lo mira fijamente a los ojos, y le dedica toda su atención. Al igual que una relación de noviazgo, el libro te puede llevar a las cimas y a los valles que son parte de la experiencia emocional —te puede hacer reír o hacer que te enojes.

Espero que no seas de los que aman y dejan, que leen hasta el tercer capítulo de un libro y luego lo echan a un lado. Si eres uno de esos, probablemente no le sacarás provecho alguno a este libro. Al igual que una relación significativa, este libro requiere de cierto nivel de compromiso —el compromiso de pensar y luchar con ideas que retarán tu presente posición respecto al noviazgo.

Mucha gente sabia dice que la honestidad es la mejor política en cualquier relación. Así que, antes que entres en una seria relación con este libro, necesitas entender una cosa: este no es un libro igual a otros sobre el tema del noviazgo. La mayoría de los libros en el mercado te enseñan cómo lograr que las citas funcionen de acuerdo a tus expectativas. Este libro, sin embargo, te enseña cómo romper con la práctica de las citas amorosas, de tal manera que tu vida sea verdaderamente útil para Dios.

Le dije adiós a las citas amorosas tiene que ver con las razones y maneras de dejar atrás el estilo de vida mundano respecto al noviazgo.

¿Aún deseas continuar?

Qué es lo que no voy a decir

Quizá te sientas un poco nervioso. "¿Decirle adiós a las citas? ¿Por qué razón decidir no hacerlo? ¿Cómo es que uno se casa si no tiene novia? ¿Y que tal amistades? ¡Olvídalo, amigo!"

Yo entiendo tus dudas, y ciertamente discutiremos todos esos asuntos más adelante. Pero antes de proceder, quiero hacerte saber con claridad lo que *no* voy a decir respecto a las citas. No quiero que estés gastando tu tiempo interpretando lo que no he dicho. De hacerlo, no podrás aprovechar los principios y los puntos positivos que deseo compartir.

Sé que esto puede suceder, porque yo mismo lo he hecho. A la edad de dieciséis años, y en medio de una relación de noviazgo que duró dos años, mi mamá me obsequió una copia del libro de Elizabeth Elliot titulado "Pasión y pureza". Al instante me inundó la sospecha. ¿Por qué? En primer lugar, porque fue mi madre quien me lo obsequió. Haberme regalado un libro, es una manera poco sutil de mi madre para decirme que tengo un problema. Además de esto, yo estaba preocupado por lo comprometido del subtítulo que decía: "Colocando tu vida amorosa bajo la autoridad de Dios". Yo estaba seguro de que el libro me iba a decir que no podía besar a mi novia (lo cual yo pensaba era de vital importancia para mi continua felicidad). ¿Y qué hice? Me propuse, aun antes de abrir el libro, estar en desacuerdo con todo lo que allí estaba escrito. Y como bien expresó mi madre en cierta ocasión en forma de chiste, yo leí todo sobre la pasión y pasé por alto la pureza. ¡Qué gran error!

No hace mucho tiempo, leí otra vez el libro "Pasión y pureza", y llegué a la siguiente conclusión: si hubiese tenido la mente más abierta a otras ideas, me pude haber beneficiado grandemente de este mensaje, en medio de mi noviazgo en la escuela secundaria. ¿Por qué razón me pareció tan poco pertinente en aquel momento? ¿Por qué no aprendí de este mensaje en aquel entonces? Sencillamente, porque desde el principio yo había decidido que no escucharía.

Espero que no cometas el mismo error con este libro. Si puedes abrir tu corazón al mensaje de este libro, puede ser exactamente lo que necesitas escuchar en este momento. Para ayudarte a derribar algunas de las barreras de defensa que puedas estar levantando, permíteme hacer un par de comentarios que quizá sirvan para disipar dos de los temores más comunes que tienen las personas cuando hablo sobre echar a un lado la relación típica de noviazgo.

1. *Yo no creo que el noviazgo es pecado.* Hay quienes han pecado como resultado de las citas en el noviazgo, pero yo no creo que se pueda decir con certeza que las citas son una actividad pecaminosa. Mi manera de ver el noviazgo es similar a como veo los restaurantes de comida rápida, no hay nada malo en comer allí, pero hay disponible algo que es muchísimo mejor.

Cómo veremos más adelante, Dios desea que procuremos siempre lo mejor, y esto incluye las relaciones románticas. Como cristianos, a menudo nos sentimos culpables por involucrarnos en el estilo de vida que nos presenta el mundo, en cuanto a las relaciones se refiere, y dejamos de alcanzar lo mejor que Dios tiene para nosotros.

2. *Rechazar el estilo típico del noviazgo, no quiere decir que nunca podrás pasar tiempo a solas con una chica o un chico".*

Hay una gran diferencia entre el acto de salir a una cita con un compañero, y la práctica de la citas, como medio de pensar y de acercarnos a las relaciones románticas. Si esta práctica no fuese nada más que un chico y una chica que salen a tomar café, no hubiera necesidad de escribir un libro sobre el tema, ¿cierto?

Pero la práctica de las citas románticas es mucho más que esto.

Es un estilo de vida que involucra nuestras actitudes y valores. Y quiero animarte a que examines con detenimiento estos patrones y maneras de pensar y actuar.

No voy a decir que nunca es apropiado pasar tiempo a solas con alguien. En el momento adecuado dentro de una relación, si los motivos son diáfanos y el ambiente impide ser tentados, salir en una cita puede ser muy saludable.

El asunto principal no es el noviazgo ni las citas

Después de haberles dicho lo que *no* voy a decir en el libro, permítanme decirles lo que *sí voy a decir*. En pocas palabras, el asunto principal no es la relación romántica o las citas amorosas.

Pero, me preguntarás, ¿pero el libro no trata sobre las relaciones románticas? Y entiendo el porqué de tal pregunta.

Después de todo (ampliando un poco sobre la analogía entre la lectura de un libro y el noviazgo), es muy posible que te sientas atraído a este libro por un sinnúmero de razones, mencionaré cuatro de ellas.

1. Terminaste hace poco con una mala relación y no deseas que te hieran nuevamente. Evitar las citas amorosas suena como una gran idea en este momento.

2. En realidad nunca te has sentido cómodo con esta práctica, y buscas una alternativa.

3. Estás involucrado en una relación de noviazgo la cual va por un rumbo equivocado. Estás buscando una manera de mantener la relación dentro de los límites trazados por Dios.

4. Estás involucrado en una maravillosa relación, y tienes curiosidad por saber por qué razón alguien escogería decirle no a las citas.

¿Será posible que este libro sea de beneficio a personas que proceden de situaciones tan variadas? Yo creo que sí. ¿Por qué? Porque aunque sus experiencias con este tipo de relación son completamente diferentes, cada uno tiene un mismo Creador. Y la voluntad y el plan de nuestro Creador para nuestras vidas, es el verdadero enfoque de este libro. Nuestro máximo propósito no es descifrar si los cristianos deben ser partícipes de las citas, o cómo. En vez de esto, espero que al leer este libro puedas examinar los diferentes aspectos de tu vida que son afectados por las relaciones amorosas, cómo tratas a otros, cómo te preparas para el que será tu cónyuge, tu pureza personal y que intentes alinear cada una de estas áreas de acuerdo a la Palabra de Dios.

Aunque en cierta forma este libro trata sobre el tema de las citas amorosas, en otro sentido muy particular las citas no son el asunto principal. El asunto principal sigue siendo qué es lo que quiere Dios. Discutir si uno debe entrar en este tipo de relación romántica, o cómo hacerlo, es un fin en sí mismo. Hablar al respecto sólo cumple su propósito cuando lo analizamos en términos de su relación al plan de Dios para nuestras vidas.

Puede ser que estés o no de acuerdo con algunas de las cosas que planteo, pero si decides analizar mi posición, o si por lo menos te alejas de este libro con mayor discernimiento de espíritu, habré cumplido mi misión, y tu calidad de vida puede ser realzada. Es mi deseo que las ideas aquí compartidas te acerquen un poco más a lo que Dios desea para tu vida.

PARTE UNO

Le dije adiós a las citas amorosas

Capítulo Uno

Amor prudente

MÁS ALLÁ DEL PLACER, Y REGRESANDO A LO QUE ES BUENO

Finalmente había llegado, era el día de la boda de Ana. Este era el día con que tanto había soñado e invertido meses en planificarlo. La diminuta y pintoresca iglesia estaba llena de amigos y familiares. Los rayos del sol penetraban cálidamente a través del colorido vitral, y la suave música de un cuarteto de cuerdas resonaba por todo el auditorio. Ana desfiló por el pasillo de la iglesia hasta encontrarse con David. El gozo que experimentaba era obvio. Este era el momento que había esperado por largo tiempo: David tomó gentilmente su mano, y ambos se colocaron frente al altar.

Pero cuando el ministro le pidió a Ana y a David que se expresaran mutuamente los votos de compromiso matrimonial, algo inesperado ocurrió. Una hermosa joven se puso de pie en medio de la congregación, caminó hacia el altar y tomó la otra mano de David. Otra joven se acercó y se paró al lado de la primera, seguida por otra joven más. Pronto había seis bellas jóvenes de pie al lado de David, mientras éste le expresaba sus votos a Ana.

Los labios de Ana comenzaron a temblar, mientras sus ojos se inundaban con lágrimas.

—¿Qué chiste es este? —le susurró Ana a David.

—Lo... lo siento mucho, Ana —dijo él sin levantar la vista.

—David ¿quiénes son estas chicas? ¿Qué está sucediendo? —dijo ella con voz entrecortada.

—Son chicas de mi pasado —respondió él con tristeza-. Ana, ellas no significan nada para mí... pero la realidad es que a cada una le he entregado parte de mi corazón.

—Pero yo pensé que tu corazón me pertenecía sólo a mí —dijo ella.

—Así es, así es —dijo él entre ruegos—. Todo lo que queda, te pertenece.

Una lágrima rodó por la mejilla de Ana. Y entonces, despertó.

Engañada

Ana escribió una carta en la que me contaba su sueño.

"Cuando desperté", decía en su carta, "me sentí tan engañada. Pero después me invadió este sucio pensamiento: ¿cuántos hombres podrían pararse a mi lado el día de mi boda? ¿En cuántas ocasiones entregué mi corazón en relaciones a corto plazo? ¿Habrá quedado algo para ofrecerle a mi esposo?"

A menudo pienso en el sueño de Ana. Es una imagen estremecedora que me persigue. También hay varias chicas que forman parte de mi pasado. ¿Qué pasaría si ellas deciden estar presente el día de mi boda? ¿Qué podrían decir ellas a los novios cuando se acerquen a saludarlos después de la ceremonia?

—Hola, Joshua. Qué grandes promesas expresaste hoy en el altar. Espero que hayas mejorado en el cumplimiento de tus promesas, y que no hagas como cuando nos conocimos.

—Pero qué elegante te ves en tu esmoquin. Y qué novia tan hermosa. Por cierto, ¿ya le has hablado acerca de mí? ¿Le has comentado de todas las cosas lindas que solías decirme al oído?

Hay ciertas relaciones que al pensar en ellas, sólo puedo sentir pesar o remordimiento. Me esfuerzo mucho por no pensar en ellas. Las he tenido que echar a un lado con una sonrisa en los labios, al considerarlas como parte del "juego romántico" en el cual todos hemos participado. Yo sé que Dios me ha perdonado, porque así se lo he pedido, y también sé que varias de las chicas me han perdonado, porque así se los he pedido.

Pero aún siento dolor por haber entregado mi corazón a demasiadas chicas en el pasado.

Es justamente así

Durante mis años de crecimiento consideré la práctica de las citas y el noviazgo como parte de la experiencia total de la adolescencia. Cuando no estaba saliendo con una chica, me sentía profundamente atraído hacia otra.

Todo esto comenzó durante la escuela intermedia, donde mis amigos y yo considerábamos esta práctica como un juego, como una oportunidad de jugar a los enamorados, y experimentar con las relaciones. Tener una novia significaba poco más que decir que "salías con una chica". No había nada de difícil en ello. Mis amigos y yo "salíamos" con las chicas y rompíamos la relación a paso alarmante. Nuestra única preocupación era que la chica fuera la que terminara con la relación, ninguno de nosotros quería verse en esta situación, ya que éramos nosotros los que siempre iniciábamos el rompimiento. Conocí una chica que se hizo famosa por usar la rutina de rompimiento más rápida en la historia. Cuando ella quería terminar su noviazgo con un chico, simplemente le decía: "Picabú, hasta aquí llegaste tú".

Pero pronto llegó la etapa en que simplemente decir que estabas saliendo con una chica ya no era suficiente. Y entonces comenzamos a experimentar en las relaciones con el aspecto físico. En esta etapa, salir con alguien llegó a significar que también habías besado a esa persona. Recuerdo que en cierta ocasión yo estaba al lado de una chica que me gustaba, mientras ella llamaba por teléfono a su novio y rompía la relación con él. Tan pronto como terminó de hablar con el novio, ella me besó; y eso quería decir que desde ese momento éramos "pareja oficial". Al pensar en estas cosas tengo que menear la cabeza al considerar lo inmaduro que éramos. La intimidad física de aquellos días de escuela intermedia, no tenía absolutamente nada que ver con amor o con lo que es el verdadero afecto. Nosotros simplemente estábamos imitando lo que observábamos en los chicos mayores y lo que veíamos en las películas. Nos parecía que era algo de gente mayor, pero en realidad no era nada más que lascivia.

Estoy agradecido de que la escuela intermedia no duró para siempre. Al llegar a la escuela superior le puse seriedad a mi relación con Dios y me involucré activamente en el grupo de jóvenes de la iglesia. Coloqué en mi Biblia una etiqueta engomada que leía "vale la pena esperar", y le prometí a Dios cuidar mi virginidad hasta el matrimonio. Desafortunadamente, el grupo de jóvenes me ayudó muy poco a mejorar todas las ideas inmaduras que yo tenía respecto a las relaciones. Aun en la iglesia jugábamos el mismo jueguito de las citas y el noviazgo apasionado —con mayor pasión de la que le dedicábamos a la adoración o a escuchar los sermones—. Durante el servicio dominical nos pasábamos notas sobre quién le gustaba a quién, y quién estaba saliendo con quién, y quién había roto la relación con quién.

La reunión de jóvenes los miércoles por la noche nos brindaba la oportunidad de jugar nuestra propia versión de "La Conexión Amorosa": un juego que causó una inundación de corazones rotos en todo el vestíbulo de la iglesia.

Durante mi segundo año de escuela superior, mi participación en el juego del amor dio un giro hacia la seriedad. Ese fue el verano en que conocí a Kelly. Era una chica hermosa, rubia y dos pulgadas más alta que yo; a esto último no le presté importancia. Kelly era muy popular, y todos los chicos la querían. Ya que en el grupo yo era el único con la valentía para hablarle, ella terminó enamorándose de mí. Fue durante un viaje con el grupo de jóvenes, donde fuimos a esquiar sobre el agua (esquí acuático), que le pedí que fuera mi novia.

Ella fue la primera novia que tomaba en serio. Todos en el grupo de jóvenes nos consideraban como pareja oficial. Todos los meses celebrábamos nuestro "aniversario", y llegó a conocerme mejor que ninguna otra persona. Después que mis padres se retiraban a su habitación, Kelly y yo pasábamos horas hablando por teléfono, a veces hasta avanzada la noche: hablando de todos los temas, y sobre nada en particular. Llegamos a pensar que Dios nos había hecho el uno para el otro, y hablamos sobre casarnos algún día. Yo le prometí que la amaría para siempre.

Pero, al igual que tantas relaciones durante la escuela superior, nuestro romance era prematuro —demasiado, y muy pronto—. Ambos comenzamos a luchar con el aspecto físico en nuestra relación. Sabíamos muy bien que no podíamos estar físicamente unidos de la manera en que lo estábamos emocionalmente. Como resultado de esta lucha, comenzamos a experimentar una tensión constante, y esto nos afectó negativamente. Con el tiempo, la relación se tornó amarga.

—Debemos terminar —le dije cierta noche, después de ver una película en el cine. Ambos sabíamos que esto sucedería.

—¿Existe la posibilidad de que podamos reanudar algo en el futuro? —preguntó ella.

—No —dije yo, tratando de sonar inquebrantable—. Todo ha terminado.

Finalizamos la relación dos años después de habernos conocido. Y no fue "para siempre", como yo le había prometido.

Algo mejor

Tenía diecisiete años de edad cuando mi relación con Kelly terminó. Mis sueños de romance habían terminado en amargura y pesar, por haber comprometido mis convicciones. Me alejé preguntándome a mí mismo: "¿Tendrá que ser siempre así?" Me sentí desanimado, confundido y desesperado por hallar una alternativa al ciclo de noviazgos breves en el cual me encontraba. "¡Dios!", clamé llorando, "¡yo quiero lo mejor que tú tienes para mi vida! ¡Dame algo que sea mejor que esto!"

Dios contestó mi súplica, pero no de la manera que esperaba. Yo pensé que Él me iba a enviar la novia ideal, o que me quitaría todo deseo de romance. Pero en vez de esto, Él me reveló por medio de su Palabra lo que significa someter mi amor a su voluntad —algo que en realidad nunca había hecho.

Anhelaba experimentar lo mejor de parte de Dios para mi vida, pero no había estado dispuesto a jugar de acuerdo a sus reglas.

En los últimos cuatro años he llegado a comprender que el señorío de Dios no pretende solamente remendar mi percepción de lo que es el verdadero romance, sino transformarlo completamente. Dios no desea que sólo actúe de manera diferente, Él quiere que piense diferente; que mire el amor, la pureza y la soltería desde su perspectiva, para poder desarrollar una nueva actitud y estilo de vida.

El fundamento de esta nueva actitud es lo que yo llamo "amor prudente". Pablo describe este tipo de amor en Filipenses 1:9-10:

> *Y esto pido en oración, que vuestro amor abunde aun más y más en ciencia y en todo conocimiento, para que aprobéis lo mejor, a fin de que seáis sinceros e irreprensibles para el día de Cristo.*

El amor prudente crece constantemente, y va profundizando cada vez más en la práctica del conocimiento y la ciencia; él mismo abre nuestros corazones para que podamos discernir la perfecta voluntad de Dios para nuestras vidas, haciendo posible que seamos puros y sin mancha ante Él.

Derrame sentimental

La paráfrasis de "The Message" (El Mensaje) traduce Filipenses 1:9-10 de la siguiente manera: "Aprendan a amar debidamente. Es necesario que usen bien la cabeza y que pongan a prueba los sentimientos, para que su amor sea sincero e inteligente, y no un desborde de romanticismo".

¿Alguna vez has sido culpable de un "desborde de romanticismo", al permitir que sean tus emociones las que marquen el curso de una relación romántica? Hay muchas personas que hacen esto, y hay parejas que en vez de actuar basados en lo que saben que es correcto, permiten que los arrastre la corriente de sus emociones.

Yo también he tenido que lidiar con este tipo de desbordes. Durante el noviazgo, he tomado varias decisiones fundamentadas en la superficialidad y la ignorancia. Podía decirle con mucha facilidad a una chica "te amo", aparentando devoción desinteresada, cuando en realidad, estaba siendo motivado por el egoísmo y la falta de sinceridad. Estaba interesado principalmente en lo que podía obtener, como por ejemplo, la popularidad de estar con una chica o el placer y el bienestar físico y emocional dentro de una relación. Yo no practicaba el amor prudente, pero sí el "amor necio", escogía lo que me hacía sentir bien a mí, en vez de procurar aquello que era bueno para otros y que a la vez complacía a Dios.

Para poder amar a alguien con amor prudente, es necesario usar la cabeza y el corazón; tal y como lo describe Pablo, el amor abunda en ciencia y en conocimiento. "Conocer" algo significa poder entenderlo o dominarlo con claridad y seguridad. La "ciencia" o el discernimiento, significa poder comprender la verdadera naturaleza de algo, la habilidad de ver la motivación que hay detrás de los pensamientos y las acciones.

Con esta definición en mente, permíteme hacerte algunas preguntas. ¿El amor es lo que motiva a un joven acostarse con su novia, aun sabiendo que dicho acto la marcará emocionalmente, y dañará su relación con Dios? ¿La sinceridad es lo que motiva a una chica tener una relación con un joven para luego echarlo a un lado cuando ella encuentra a alguien mejor? ¡No! Ambas personas son un vivo ejemplo de lo que es ser motivado por el egoísmo. Ambos necesitan "ser más prudentes" y comprender la manera en que sus acciones afectan a otras personas.

En los últimos años he tratado de dejarme dirigir por la sinceridad y el amor inteligente, y en el proceso, encontré algunas conclusiones profundas para mi vida personal. He llegado a la conclusión de que no tengo derecho de pedirle a una joven su corazón y su cariño, si no estoy dispuesto a apoyar mi petición con un compromiso de por vida. Hasta que no esté dispuesto a hacerlo, sólo estaría usando a la chica para saciar mis necesidades por un corto tiempo, sin procurar bendecirla a largo plazo. ¿Me gustaría tener una novia en este momento? ¡Por supuesto! Pero, con lo que he aprendido al buscar la voluntad de Dios para mi vida, yo sé que en este momento una relación no sería lo mejor para la chica ni para mí. Todo lo contrario, evitar el romance antes que Dios me diga que ya estoy listo, puede ser útil para que sea un buen amigo de las chicas, y permanecer libre para mantener mi enfoque en el Señor.

Conociendo lo que es mejor

Esperar hasta que esté listo para un compromiso antes de ir en busca de un romance, es sólo un ejemplo del amor prudente en acción. Cuando nuestro amor crece en conocimiento, podemos con mayor precisión "discernir qué es lo mejor" para nuestras vidas. ¿Nosotros no necesitamos desesperadamente todo ese discernimiento?

Después de todo, cuando nos involucramos en relaciones con chicos y chicas, nos enfrentamos a un problema muy confuso. No me malentiendas -yo creo en absolutos. Pero en al área del noviazgo y las citas no sólo tenemos que tomar decisiones sabias entre lo que está bien y lo que está mal; sino que también debemos evaluar cada aspecto de nuestra relación para poder estar seguros de no ir más allá de lo debido, y no ser arrastrados o involucrados en algo que debemos evitar.

Considera el siguiente ejemplo. Digamos que un compañero de estudios te pide que salgan juntos. ¿De qué manera buscas dirección respecto al tipo de persona con la que sí puedes compartir? Trata de buscar en la concordancia de tu Biblia si aparece algún versículo sobre las citas con el sexo opuesto. No lo encontrarás. Tal vez ya has compartido en algunas citas con alguien y se besaron por primera vez. Sin duda fue una experiencia excitante, y te sentiste como que estabas enamorado. ¿Es esto lo correcto?

¿Cómo poder encontrar las respuesta a estas preguntas? Aquí es precisamente donde hay que usar y considerar el "amor prudente". Dios quiere que procuremos guiarnos por la verdad de Su Palabra, y no por los sentimientos. El amor prudente mira más allá de los deseos personales y la satisfacción momentánea. Este tipo de amor considera el panorama en su totalidad: cómo servir a los demás y glorificar a Dios.

Es posible que en este momento estés diciendo: "¿Qué pasa conmigo y mis necesidades?" Bueno, precisamente esta es la parte asombrosa de todo este asunto: cuando nuestra prioridad es la gloria de Dios y las necesidades de los demás, nos colocamos en una posición privilegiada para recibir lo mejor que Dios tiene preparado para nosotros. Permíteme ampliar este pensamiento.

Hace un tiempo, mi punto de partida en cuanto a las relaciones se refiere era lo que yo quería en lugar de lo que Dios quería. Mi prioridad era buscar saciar mis necesidades, y hacer que los demás se adaptaran a mis planes personales. ¿Hallé plena satisfacción? No. Lo único que encontré fue un dolor de cabeza y transigir con el mundo. Me herí a mí mismo, también a otros y lo peor de todo fue que pequé contra Dios.

Pero cuando cambié mi actitud en 180 grados, y decidí que en mis relaciones la prioridad sería complacer a Dios en todo y bendecir a los demás, entonces fue cuando encontré verdadera paz y gozo. El amor prudente libera lo mejor que Dios tiene reservado para nuestras vidas. Cuando dejé de ver las chicas como posibles novias y comencé a tratarlas como hermanas en Cristo, entonces descubrí las riquezas de la verdadera amistad. Cuando dejé de preocuparme sobre con quién me casaría, y comencé a confiar en la voluntad y el tiempo perfecto de Dios, entonces pude descubrir el increíble potencial de servirle a Dios como soltero. Y cuando dejé de jugar con la tentación en medio de un noviazgo con una chica, y me propuse perseguir la rectitud y la justicia, entonces fue que descubrí la paz y el poder que proceden de la pureza. ¡Le dije adiós a las citas porque comprendí que Dios tiene algo muchísimo mejor reservado para mí!

Puro e intachable

El último beneficio del amor prudente es ser puro e intachable ante Dios. Esta pureza va más allá de la pureza sexual. Aunque la pureza física sí es importante, el deseo de Dios para nosotros es que procuremos ser puros e intachables en nuestras motivaciones, en nuestras mentes y en nuestras emociones.

¿Quiere decir esto que nunca vamos a cometer un error? ¡Por supuesto que no! Sólo podemos pararnos frente a Dios debido a su gracia, y por el sacrificio de su Hijo Jesús. Sin embargo, esta gracia no nos da licencia para ser negligentes en nuestra búsqueda por ser cada vez más piadosos y rectos ante Dios. Al contrario, nos debe animar a desear cada vez más ser puros y sin mancha.

Ben comenzó su noviazgo con Alisa durante su último año universitario. Por algún tiempo él había hecho planes para casarse el verano después de su graduación, y como existía una mutua atracción, él pensó que sería Alisa con quien se casaría.

Ben me expresó en una carta, que toda su vida desarrolló un alto nivel de compromiso moral en sus noviazgos. Pero Alisa no. Mientras que Ben nunca había besado a una chica, para ella sin embargo, el besarse era como un deporte. Desafortunadamente, los valores de Alisa prácticamente triunfaron.

"Cuando me miró con esos ojos color café, como si yo la estuviera privando de algo, sucumbí", decía Ben en su carta. Muy pronto la relación se convirtió en algo mayormente físico.

Ambos guardaron su virginidad, pero sólo en el sentido técnico de la palabra.

Meses después, Alisa comenzó a recibir ayuda con las tareas de química, de un maestro particular cristiano a quien Ben nunca había conocido.

"Eso fue un gran error", escribió Ben enojado. "Estaban estudiando química, claro que sí, ¡química corporal!" Alisa terminó la relación con Ben, y el día siguiente estaba agarrada del brazo de su nuevo novio.

"Me sentí destruido", me dijo Ben. "Yo violé mi propio código moral, y más importante aun, violé también el de Dios. El resultado fue que esta no era la mujer con la cual me debía casar." Ben batalló contra la culpa hasta que por fin la llevó a los pies de la Cruz, y pudo continuar con su vida; pero con la determinación de no volver a cometer el mismo error otra vez.

¿Y qué pasa con Alisa? Sí, Dios también la puede perdonar a ella. Pero me pregunto si en algún momento ella ha reconocido que necesita ese perdón. ¿Qué pensamientos pasan por su mente cuando se encuentra con Ben en los pasillos de la escuela o lo ve en la cafetería? ¿Habrá llegado a darse cuenta de que tuvo una parte activa en destruir su pureza? ¿Siente acaso una profunda culpa por haberle roto el corazón? ¿Quizás le importa?

He tratado de compartir contigo cómo fue que Dios cambió mi perspectiva respecto a las citas y el noviazgo. También he explicado cómo es que he decidido vivir mi vida y relacionarme con el sexo opuesto, hasta el momento en que Dios me muestre que ya estoy listo para el matrimonio. Pero, ¿por qué escribir un libro sobre este punto de vista? ¿Qué me haría pensar que alguien estuviera interesado en escuchar lo que tengo para decir? Lo he hecho porque pienso que a ti también Dios te quiere desafiar.

Yo creo que el tiempo ha llegado para que los cristianos, hombres y mujeres, se enfrenten al desastre que hemos dejado atrás, en nuestro intento egoísta de involucrarnos en relaciones románticas a corto plazo. Las citas pueden parecer como un jueguito inocente, pero según como yo lo veo, estamos pecando el uno contra el otro. ¿Qué excusa podremos tener cuando le demos cuenta a Dios por las acciones y actitudes que tuvimos en nuestras relaciones? Si Dios ve el pajarito que cae a tierra (Mateo 10:29), ¿qué te hace pensar que Dios pasaría por alto los corazones quebrantados y las cicatrices emocionales que hemos causado en las relaciones basadas en el egoísmo?

Es posible que a nuestro alrededor todos estén jugando este jueguito de las citas y el noviazgo. Pero al final de nuestros días, no trendremos que explicarles a todos, solamente tendremos que darle cuentas a Dios.

En el grupo de jóvenes nadie estaba al tanto de cómo yo había comprometido mis convicciones dentro de mi noviazgo. Yo era líder, y era reconocido como un buen muchacho. Pero Jesús dijo: "Porque nada hay encubierto, que no haya de descubrirse; ni oculto, que no haya de saberse" (Lucas 12:2).

Nuestras actitud en las relaciones no están fuera del alcance o del conocimiento de Dios. Pero he aquí la buena noticia. El Dios que ve todo nuestro pecado, también es el Dios que nos puede perdonar si nos arrepentimos y nos apartamos de aquello que lo ha ofendido. Él nos llama a un nuevo estilo de vida. Yo sé que Dios me ha perdonado por todos los pecados que he cometido en su contra, y en contra de las novias que he tenido; y sé también, que su deseo es que viva un estilo de vida caracterizado por el amor prudente. La gracia que Dios me ha mostrado, me sirve como motivación para hacer de la pureza y el espíritu intachable mi pasión.

Estoy comprometido a ejercitar el amor prudente, y te invito a que te unas a mí. Hagamos del espíritu intachable y de la pureza, nuestra prioridad ante el Dios que todo lo ve y todo lo sabe.

Capítulo Dos

Los siete hábitos de las citas que no son saludables

Cuando yo era niño, mi madre me enseñó dos reglas necesarias al ir de compras al mercado. La primera: nunca vayas cuando tengas hambre –todo te parecerá exquisito y por lo tanto gastarás más dinero de lo debido. Y la segunda regla: asegúrate de elegir un buen carrito donde poner los alimentos.

He podido dominar la primera de las dos reglas, pero no he tenido mucho éxito con la segunda. Soy un experto a la hora de elegir carros oxidados que hacen demasiado ruido, o que las ruedas le chillan tanto que te hacen parar los pelos de punta.

De todos los carros malos que puedas escoger, el peor es el descontrolado. ¿Te ha tocado uno de estos alguna vez? Este tipo de carrito parece tener mente propia. Cuando deseas ir en línea recta, el carrito insiste en virar a la izquierda y chocar contra la góndola donde se exhibe la comida para gatos. (Y para nuestra sorpresa y vergüenza, el carrito siempre parece ganar la pelea.) El cliente que escoge uno en esas condiciones, no puede estar en paz. Cada maniobra, desde rehusar entrar al pasillo donde se encuentran los cereales, hasta desplazarse por la sección de las carnes, se convierte en una batalla —la voluntad del cliente contra la voluntad del carrito.

¿Por qué les estoy hablando sobre los carritos en el supermercado cuando este libro trata sobre las citas y el noviazgo? Pues traigo a la memoria mi mala suerte con los carritos de compra, porque en muchas ocasiones he tenido una lucha de voluntades similar en el noviazgo. No me refiero a conflictos entre las chicas que han sido mis novias y yo; lo que quiero decir es que he luchado contra todo el proceso como tal.

Al usar como fundamento mis experiencias y mi investigación de la Palabra de Dios, he llegado a la conclusión de que para el cristiano, las citas románticas son como el carrito descontrolado —un sistema de valores y actitudes que desean ir en dirección opuesta a la que Dios ha trazado para nosotros. Permíteme explicarte por qué.

El dominio propio no es suficiente

En cierta ocasión escuché a un ministro de jóvenes disertar sobre el tema del amor y las relaciones sexuales. El mencionó una conmovedora historia sobre Eric y Jenny, dos jóvenes cristianos maduros los cuales habían estado muy activos en su grupo juvenil hacía varios años. La relación entre Eric y Jenny había comenzado de manera muy inocente —ir al cine los viernes por la noche y pasar un buen rato en el parque de golf en miniatura. Pero al ir pasando el tiempo, su relación física comenzó a acelerarse cada vez más, y terminaron durmiendo juntos.

Poco tiempo después desanimados y heridos, decidieron romper con la relación.

El pastor que relataba la historia, se encontró con ellos unos años más tarde durante una reunión estudiantil. Jenny estaba casada y tenía un hijo; Eric estaba soltero. Sin embargo, ambos se acercaron al pastor por separado, y le expresaron estar atravesando por un trauma emocional y luchando con sentimientos de culpa por los recuerdos del pasado.

—Cuando lo veo —dijo Jenny llorando— los recuerdos vienen a mi mente como si fuera ayer.

Eric expresó sentimientos similares.

—Cuando la veo, vuelvo a sentir dolor —le dijo a quien tiempo atrás había sido su pastor de jóvenes—. Las heridas aún no han sanado.

Cuando el ministro concluyó de relatar la historia, no se escuchaba ni el más mínimo sonido. Cada uno de nosotros se quedó esperando recibir algún tipo de solución a esta problemática. Todos conocíamos de cerca la realidad de la historia que acababa de relatar. Algunos habíamos cometido el mismo error o lo pudimos observar en las vidas de nuestros amigos. Todos estábamos deseando algo mejor, esperábamos escuchar del pastor lo que debíamos hacer.

Pero esa tarde no nos ofreció otra alternativa. Evidentemente él pensó que el único error que la pareja cometió fue ceder a la tentación. De acuerdo a su criterio, tal vez pensaba que Eric y Jenny debieron haberse tenido mayor respeto el uno al otro y también mayor dominio propio. Aunque el pastor nos alentó a considerar un resultado diferente —evitando la relación sexual hasta el matrimonio— en realidad no nos ofreció una método diferente.

¿Es esta la respuesta que necesitamos? ¿Comenzar en el mismo camino en el cual tantos otros han caído, con la esperanza de que en ese momento crítico, puedas desarrollar la habilidad de controlarte? Darle a los jóvenes este tipo de consejo es como darle a un individuo un carrito que está descontrolado, y enviarlo a una tienda llena de las más preciadas exhibiciones de cristal. A expensas de los estrechos pasillos y de las vitrinas adornadas con delicados platos, ¿podríamos confiar en que la persona conducirá el carrito entre los pasillos, cuando realmente sabemos que siempre se sale del camino? No lo creo.

Sin embargo, esto es exactamente lo que pretendemos en muchas de nuestras relaciones.

Podemos apreciar a nuestro alrededor todos los intentos infructuosos, pero aun así rehusamos cambiar este carrito que lleva el nombre de citas románticas o noviazgo. Por un lado queremos permanecer en el camino correcto y servir a Dios, pero sin embargo, continuamos ejerciendo una práctica que a menudo nos lleva por la senda equivocada.

Citas que no son saludables

Las citas de por sí traen serios problemas, y si las continuamos realizando de acuerdo al sistema que tenemos establecido hoy, es muy probable que terminemos cometiendo serios errores. Es posible que las intenciones de Eric y Jenny fueran buenas, pero fundamentaron su relación de acuerdo a las actitudes y patrones poco saludables respecto al romance que se encuentran en nuestra cultura. Desafortunadamente, aun en la mayoría de edad continúan cosechando las tristes consecuencias.

Los siguientes siete hábitos de las citas que no son saludables representan algunos de los desvíos repentinos que a menudo ocurren en los noviazgos. Quizá te puedas identificar con uno o dos de estos hábitos. (Por lo menos yo sí me identifico con ellos.)

1. *El noviazgo te lleva a la intimidad, pero no necesariamente al compromiso.*
Jazmín era una estudiante de tercer año de la escuela secundaria. Su novio Tomás, era estudiante de cuarto año. Él representaba todo lo que Jazmín jamás deseó en un chico, y por espacio de ocho meses eran casi inseparables. Pero dos meses antes que Tomás se fuera a la universidad, le dio a Jazmín la repentina noticia de que ya no quería ser su novio.

Me contó Jazmín: —Cuando terminamos con la relación, fue sin duda la cosa más difícil que jamás me había sucedido.

A pesar de que en su relación física nunca hicieron nada aparte de besarse, Jazmín le había entregado su corazón a Tomás por completo. Él había disfrutado de la intimidad dentro de la relación mientras sus necesidades fueron atendidas, pero cuando llegó el momento de comenzar una nueva etapa en su vida, entonces rechazó a Jazmín.

¿Te suena familiar esta historia? Quizá has escuchado una historia similar de algún amigo, o tal vez la experiencia haya sido personal. Al igual que muchos noviazgos, Jazmín y Tomás, participaron de su intimidad sin haber pensado en el compromiso, o de qué manera ambos serían afectados al terminar la relación.

Le podríamos echar la culpa a Tomás por ser tan descarado, pero debemos primero hacernos una pregunta: ¿cuál es la verdadera intención detrás de cada noviazgo? A menudo estas relaciones alientan la intimidad sólo porque se sienten atraídos por la misma intimidad, o sea, dos personas que se unen sin la más mínima intención de establecer un compromiso a largo plazo.

La intimidad que con el tiempo es cada vez más profunda, sin definir un cierto nivel de compromiso, evidentemente es algo peligroso. Es como practicar el deporte de escalar montañas con una compañera que no está segura de querer asumir la responsabilidad de sostener tu soga. Después de haber escalado unos dos mil pies de altura por la ladera de una montaña, no creo que quieras dialogar sobre cómo es que ella se siente amarrada por la relación. De la misma manera, hay muchas personas que experimentan profundo dolor al exponerse y hacerse vulnerables emocional y físicamente, sólo para ser abandonados por otros que dicen no estar preparados para establecer un compromiso más serio y formal.

La intimidad es una experiencia hermosa la cual Dios desea que disfrutemos. Pero Dios quiso que el cumplimiento de la intimidad sea el resultado de un compromiso fundamentado en el amor. Quizá pienses que la intimidad entre un hombre y una mujer no es nada más que el merengue de azúcar que cubre el pastel de una relación que se dirige hacia el matrimonio. Si consideramos la intimidad desde este punto de vista, entonces la gran mayoría de los noviazgos y las citas son nada más que puro merengue de azúcar. Por lo general carecen de propósito o de un destino definido. En la mayoría de los casos, especialmente durante los años de escuela secundaria, el noviazgo a corto plazo está supliendo solamente las necesidades del momento. Las personas que regularmente tienen citas, lo hacen porque anhelan disfrutar de los beneficios emocionales y físicos, sin la responsabilidad de un verdadero compromiso.

De hecho, de eso mismo es que trataba la revolución original del noviazgo y las citas. Es importante reconocer que esta práctica no ha estado con nosotros por siempre. Veo las citas y el noviazgo a corto plazo, como el producto de nuestra cultura americana la cual es motivada por todo lo que es entretenimiento y donde todo es desechable. Años antes de que la revista norteamericana "Seventeen" comenzara a ofrecerle a los adolescentes consejos sobre qué hacer durante una cita, las cosas eran completamente diferentes.

A principios del presente siglo veinte, un chico y una chica se involucraban románticamente sólo si estaban planeando casarse. Si un joven visitaba con frecuencia la casa de una joven, los familiares y amigos suponían que su intención era declararle su amor. Sin embargo, los cambios de actitud en la cultura y la llegada del automóvil trajeron cambios radicales. Las nuevas reglas dieron a las personas la oportunidad de darle rienda suelta a todas las emociones del amor romántico, sin la más mínima intención de casarse. La autora Beth Bailey documenta estos cambios en el libro "From Front Porch to Back Seat" ("De la puerta de casa hacia el asiento trasero del auto"), habla sobre la diferencia en las actitudes de la sociedad cuando el noviazgo a corto plazo y las citas se convirtieron en la norma. El amor y el romance llegaron a convertirse en cosas que la gente podía disfrutar sólo por su valor recreativo.

A través de los años desde 1920, muchos han sido los cambios en la sociedad; la tendencia de procurar la intimidad sin compromiso en el noviazgo y las citas, permanece casi igual.

Para los cristianos, este desvío brusco y negativo es la raíz de los problemas en el noviazgo. La intimidad sin compromiso despierta los deseos —emocionales y físicos— que en la pareja, ninguno de los dos pueden suplir correctamente.

En la Primera Carta a los Tesalonicenses 4:6, la Biblia se refiere a esto como agravio o engañar a alguien al elevar las expectativas de lo que puede ser, y no cumplir con lo prometido. El pastor Stephen Olford, describe el agravio como "despertar cierto deseo que nosotros no podemos satisfacer correctamente" —prometer algo que en realidad no vamos o no queremos cumplir.

La intimidad sin el compromiso, al igual que el merengue de azúcar sin el pastel, puede ser dulce pero termina enfermándonos.

2. *El noviazgo a corto plazo tiende a pasar por alto la etapa de la amistad.*

Javier conoció a Lily en un retiro para universitarios de la iglesia. Lily era una chica amigable, y gozaba de la reputación de tomar su relación con Dios muy en serio. Javier y Lily entablaron una conversación durante un juego de voleibol, y se estableció una amistosa relación. Javier no estaba interesado en una relación intensa, pero sí deseaba conocer mejor a Lily. Dos días después del retiro, él la llamó y le preguntó si le gustaría ir al cine el próximo fin de semana, y ella estuvo de acuerdo.

¿Fue esa la mejor "jugada" de Javier? Pues, en términos de conseguir una cita con una chica, sí lo fue, pero si en realidad su intención era conocer mejor a Lily, probablemente no fue su mejor jugada. En las citas, existe la tendencia de que un chico y una chica pasen por alto lo que puede ser una amistad, para involucrarse en el romance demasiado pronto.

¿Has conocido alguna vez a alguien que estuviera preocupado por el hecho de salir en una cita con un viejo amigo? Si es así, probablemente escuchaste a tu amigo decir algo como esto:

—Él me invitó a salir, pero tengo miedo que si comenzamos a salir en serio, nuestra amistad vaya a cambiar.

¿Qué es lo que en realidad esta persona está expresando? Las personas que hacen declaraciones como esta, conscientemente o no, reconocen que aceptar una cita con alguien alienta las expectativas respecto al romance. En una verdadera amistad no te sientes presionado al saber que te gusta la otra persona, o que tú le gustas a ella. Al estar con un amigo te sientes libre de ser tú mismo, y de participar en actividades juntos, sin tener que pasar tres horas frente al espejo procurando verte perfecta.

El autor C.S. Lewis describe la amistad como dos personas que caminan una al lado de la otra y se dirigen hacia una meta común. Lo que los une son los intereses que tiene en común. Javier paso por alto esta etapa de lo común, al pedirle a Lily que compartiera con él una cita típica y poco prudente, porque llevarla al cine y luego a cenar enfatizaba su relación como pareja.

En una cita, la atracción romántica es a menudo la piedra angular de la relación. La premisa que se establece al salir en una cita es: Me atraes, por lo tanto vamos a conocernos. Si después de desarrollar una amistad, se desarrolla una atracción romántica, pues eso es beneficio adicional.

La intimidad sin compromiso es un agravio. Una relación fundamentada sólo en la atracción física y sobre sentimientos románticos, va a durar tanto como duren los sentimientos.

3. En la citas a menudo se confunde la relación física por amor

La intención de David y Ana nunca fue la de involucrarse románticamente en su primera cita. Créanme que David no es de los que tiene sólo una cosa en mente, y por supuesto, Ana no es ese tipo de chica. Simplemente ocurrió lo que ocurrió. Ambos habían ido juntos a un concierto, y luego se fueron a casa de Ana a ver videos. Durante la película, Ana hizo un chiste sobre los intentos de David por bailar durante el concierto. Él comenzó a hacerle cosquillas. La lucha juguetona entre ambos de pronto cesó, al hallarse mirándose fijamente a los ojos, mientras David se inclinada sobre ella en el piso de la sala. Ambos se besaron. Era como algo que habían visto en las películas. Se sintió tan bien.

Pudo haberse sentido muy bien, pero la prematura introducción del afecto físico a su relación añadió confusión. David y Ana en realidad no se conocían muy bien, pero ahora se sentían muy cerca el uno del otro. Al progresar su relación, mantenerse objetivo se hizo cada vez más difícil. Cada vez que intentaban evaluar los valores sobre los cuales descansaba su relación, inmediatamente venía a sus mentes la intimidad y la pasión presente en su relación física. "Es obvio que nos amamos", pensó Ana. ¿Pero en verdad se amaban? Sólo porque dos labios se han tocado, esto no quiere decir que los corazones se han huido, y dos cuerpos que se atraen mutuamente no significa que dos individuos pueden convivir como pareja. Una relación física no es lo mismo que el amor.

Cuando consideramos nuestra cultura en general, vemos las palabras amor y relación sexual como intercambiables. No debe sorprendernos el hecho de que la mayoría de los noviazgos a corto plazo y los que practican las citas confunden la atracción y la intimidad sexual con el verdadero amor. Tristemente, muchos creyentes tienen este tipo de vínculos que refleja esta falsa manera de pensar.

Al examinar el progreso de la mayoría de las relaciones, podemos ver con claridad cómo es que la práctica de las citas y el noviazgo alientan esta sustitución. En primer lugar, como ya hemos dicho, este tipo de unión no siempre involucra un compromiso de por vida, por esta razón, muchas comienzan

por la atracción física. La actitud fundamental es que los
valores primarios de una persona se pueden apreciar por la
manera en que él o ella se comportan y por su apariencia
durante la cita. Aun antes del primer beso, el aspecto físico y
sensual ya ha tomado prioridad sobre la relación.

Segundo, a menudo la relación se dirige desenfrenadamente hacia la intimidad, debido a que este tipo de relación
no requiere de compromiso alguno, las dos personas involucradas permiten que las necesidades y las pasiones del momento tomen el primer lugar. Los que componen la pareja consideran el uno al otro como posibles compañeros de por vida, o
tampoco toman en cuenta las responsabilidades de un matrimonio. En vez de esto, su enfoque está dirigido hacia las
demandas del presente, y es con este tipo de mentalidad que
la relación física de la pareja puede fácilmente convertirse en
el centro de atención.

Si un chico y una chica deciden en su relación pasar por
alto la etapa de la amistad, a menudo la lujuria se convierte
en el interés común que une a la pareja. Como resultado de
esto, la pareja juzga la seriedad de su relación basado en el
nivel de la relación física. Dos personas que salen juntas
anhelan sentir que son especial el uno para el otro, y pueden
expresar esto concretamente a través de la intimidad física.
Comienzan a distinguir su relación especial por medio de
agarrarse de las manos, besarse y todo lo que continuará a
medida que la relación transcurra. Es por esta razón que salir
con alguien significa cierto nivel de participación física.

Centralizándose en el aspecto físico dentro de este tipo de
vínculos, es simplemente pecado. Dios demanda de sus hijos
pureza sexual, y lo hace por nuestro bien. Involucrarse con
otra persona físicamente puede distorsionar la perspectiva que
dos individuos deben tener el uno del otro y llevarlos a tomar
decisiones poco sabias. Dios también sabe que inevitablemente llevaremos con nosotros al matrimonio los recuerdos de las
relaciones en las que estuvimos involucrados físicamente en

el pasado. Él no desea que vivamos vidas llenas de culpa y remordimiento.

Relacionarse físicamente puede lograr que dos individuos se sientan muy cercanos el uno al otro. Pero, si en realidad aquellos que están involucrados en el noviazgo o en las citas amorosas examinan cuál es el enfoque en su relación, es probable que descubrirían que lo único que tienen en común es la lascivia.

4. *A menudo las citas aíslan a la pareja de otras relaciones vitales.*
Durante el tiempo que Gabriel y Marta estuvieron saliendo, no tenían necesidad de nadie más. Gabriel no tuvo que pensarlo dos veces para dejar el estudio bíblico que tenía con sus amigos los miércoles por la noche, ya que esto significaba pasar más tiempo junto a Marta.

A Marta, por su lado, ni se le ocurría pensar en lo poco que hablaba con su hermana menor y con su mamá ahora que estaba saliendo con Gabriel. Tampoco se daba cuenta de que cuando hablaba con ellas, todas sus oraciones comenzaban con Gabriel esto.... y Gabriel dijo tal cosa.... Sin querer, ambos se habían desconectado de toda relación significativa por puro egoísmo y necedad.

Una cita, por definición propia, tiene que ver con dos personas que están centradas la una en la otra. Desafortunadamente, en la mayoría de los casos el resto del mundo se desvanece en el fondo oscuro. Si en alguna ocasión te has sentido como un tercero que no pertenece al grupo, al salir con dos amigos que están de novios, sabes muy bien que lo que digo es cierto.

Acepto que de todos los problemas que hay en las citas, éste es el más fácil de solucionar. Sin embargo, es necesario que los creyentes presten mucha atención a este asunto. ¿Por qué? En primer lugar, porque cuando permitimos que una relación opaque todas las otras, hemos perdido toda perspectiva. En Proverbios 15:22 leemos lo siguiente: "Los pensamientos son frustrados donde no hay consejo; mas en la multitud de consejeros se afirman". Si las decisiones que tomamos respecto a la vida, están fundamentadas sólo en la influencia de una sola relación, es muy probable que nuestras decisiones sean deficientes.

Es verdad que cometemos este mismo error en un sinnúmero de relaciones no-románticas; pero, también es cierto que este problema lo encaramos más a menudo en los noviazgos, debido a que estas vinculaciones involucran nuestro corazón y nuestras emociones. Debido a que las citas tienen como enfoque los planes de la pareja; el mayor problema con el matrimonio, la familia y la fe es que están en peligro.

Si hay dos personas que aún no han definido con precisión cuál es su nivel de compromiso, estos planes enfrentan un gran riesgo de manera particular. Uno se coloca en una posición algo precaria cuando nos aislamos de la gente que nos ama y nos apoya, sólo por habernos zambullido de todo corazón en una relación romántica que no está fundamentada sobre el compromiso. En su libro titulado *Passion and Purity* ("Pasión y pureza"), la autora Elizabeth Elliot dice lo siguiente: "A menos que un hombre esté completamente preparado para pedirle a una mujer que sea su esposa, ¿qué derecho tiene él de reclamar su atención en forma exclusiva? A menos que a ella le hallan pedido casarse ¿por qué razón una mujer sensata le ha de prometer a un hombre toda su atención?" ¿Cuántas personas son las que, al terminar con una relación romántica, se dan cuenta de que sus lazos de amistad con otras personas han sufrido daños?

Cuando Gabriel y Marta decidieron por mutuo acuerdo terminar con su relación, se sorprendieron al encontrar que sus lazos de amistad con otros amigos estaban en tan mal estado. No es que no eran queridos por sus otros amigos; sino que ya casi ni los conocían. Ninguno de ellos había invertido tiempo o esfuerzo alguno en mantener sus amistades, mientras se concentraban en su relación amorosa.

Quizá hayas hecho algo similar, o quizá conoces el dolor y la frustración que se siente al ser desplazado, por causa del novio o la novia de un amigo. Toda la atención que a menudo se espera en las relaciones amorosas, posee la habilidad de robarle a la gente la pasión por servir en la iglesia y de aislarlos de aquellos amigos quienes más los aman, de los miembros de su familia que son quienes los conocen mejor que nadie, y más triste aun, de Dios mismo, cuya voluntad es más importante que cualquier interés romántico.

5. *Las citas, en muchos de los casos, distraen a los jóvenes adultos de su responsabilidad principal que es prepararse para el futuro.*
No podemos vivir en el futuro, pero descuidar nuestras obligaciones presentes nos descalifica para las responsabilidades futuras. Ser distraídos por causa del amor no es algo tan malo —a menos que Dios desee que estés haciendo algo diferente.

Una de las tendencias más tristes causadas por las citas es la manera en que los jóvenes adultos se distraen y no desarrollan las habilidades y destrezas que Dios les ha dado. En lugar de equiparse con el carácter, la educación y la experiencia necesaria para tener éxito en la vida, son muchos los que permiten ser consumidos por las necesidades que se enfatizan en las citas.

Cristóbal y Estefanía comenzaron a salir juntos cuando ambos tenían quince años. Podríamos decir que ellos tenían una relación modelo. Nunca se involucraron físicamente, y cuando terminaron la relación dos años más tarde, el rompimiento fue amistoso. Entonces ¿cuál fue el daño hecho? En cierto sentido ninguno, ya que ninguno de los dos se involucró en problemas. Pero podemos comenzar a ver algunos problemas al examinar lo que ellos pudieron haber hecho, si no hubiesen estado involucrados en una relación. Mantener una relación requiere bastante energía y tiempo. Cristóbal y Estefanía pasaron incontables horas hablando, escribiendo, pensando y a menudo preocupándose por su relación. La energía que invirtieron le robaba a lo que pudieron invertir en otros intereses. En cuanto a Cristóbal se refiere, la relación le robaba el entusiasmo por su pasatiempo favorito que era la programación de computadoras, y su participación musical en el equipo de adoración de su iglesia. Y aunque Estefanía no culpaba a Cristóbal, ella sí rechazó varias oportunidades de ir en grupos misioneros a corto plazo, porque no quería separarse de él. Su relación les robó el tiempo que ambos pudieron estar utilizando para desarrollar destrezas y explorar nuevas oportunidades.

El noviazgo te puede ayudar a practicar cómo ser un buen novio o una buena novia, pero en realidad ¿cuánto valen estas habilidades? Aun cuando estés saliendo con la persona con la que algún día te cases; la preocupación por ser ahora el mejor novio o la mejor novia, en realidad puede servir de impedimento para que llegues a convertirte en el futuro esposo o esposa que algún día esa persona va a necesitar.

6. El noviazgo y la citas pueden resultar en desacuerdo con el regalo de Dios de la soltería.

Cuando mi hermano cumplió tres años de edad, le regalaron una hermosa bicicleta azul. La diminuta bicicleta era nueva, venía con sus ruedas de entrenamiento, almohadillas de protección y bandelora. Pensé que como primer bicicleta no había otra mejor, y estaba ansioso por ver su reacción.

Pero para mi disgusto, mi hermano no pareció estar muy impresionado con su regalo. Cuando mi padre sacó la bicicleta de la gran caja de cartón, mi hermano la miró por un instante, sonrió y comenzó a jugar con la caja. A mi familia y a mí nos tomó algunos días para convencerlo de que el verdadero regalo era la bicicleta y no la caja.

No puedo dejar de pensar que nuestro Dios ve nuestros encaprichamientos con los noviazgos a corto plazo, muy parecido a la manera en que yo pude observar el amor que demostró mi hermano por una caja de cartón sin valor. ¡Una cadena de relaciones amorosas sin compromiso, no son "el regalo"! Dios nos da la soltería, una etapa en nuestras vidas, inigualable en oportunidades sin fronteras para poder crecer, aprender y servir, y sin embargo, la consideramos como la oportunidad para estar entretenidos en el juego de encontrar y conservar novios y novias. Pero lo realmente hermoso de estar soltero no lo encontramos en correr tras el romance con todas las personas que nos sea posible; sino que lo hallamos al usar nuestra libertad para servir a Dios con total entrega.

La citas y el noviazgo a corto plazo producen insatisfacción simplemente porque alientan el mal uso de esta libertad. Dios ha colocado en la mayoría de los hombres y de las mujeres el deseo de casarse. Y a pesar de que no pecamos al pensar en el matrimonio, sí somos culpables de la mala mayordomía de nuestra soltería. Podemos ser hallados culpables al permitir que el deseo por algo que Dios obviamente no quiere aún para nosotros, nos robe la habilidad de gozar y apreciar lo que Él ya nos ha dado. Las citas representan el papel de fomentar esta insatisfacción, porque provee a los solteros la suficiente intimidad como para dejarlos deseando poder tener más. En lugar de disfrutar de las cualidades únicas de la soltería, el noviazgo a corto plazo y las citas enfatizan aquello que los jóvenes aún no tienen.

7. *Las citas crean un ambiente artificial para la evaluación del carácter de la otra persona.*

Aunque la mayoría de los noviazgos no continúan hasta el matrimonio, sí hay algunos —especialmente aquellos entre estudiantes universitarios de mayor edad— cuya motivación es el matrimonio. Aquellos que sinceramente anhelan descubrir si alguien está apto para el matrimonio, deben comprender que la manera en que generalmente se llevan a cabo las citas son un impedimento para este proceso. Este tipo de salidas crean un ambiente artificial en el cual dos personas se han de conocer y como resultado, podrán fácilmente proyectar una imagen igualmente artificial.

En la entrada al garaje de nuestra casa tenemos colocado un aro de baloncesto, el cual podemos colocar a la altura deseada. Cuando lo bajo tres pies de la altura normal, puedo lucir como un gran jugador de baloncesto. Encestar de un solo tiro no representa el más mínimo problema para mí. Me deslizo por el pavimento, y cada vez que lo intento puedo encestar con ambas manos. Pero mi destreza existe sólo por el hecho de haber bajado la medida —no estoy jugando en un ambiente real—. Colócame en una cancha donde el aro mida los diez pies reglamentarios, y regreso a ser el mismo chico que no puede saltar para nada.

De manera similar, las citas crean un ambiente artificial en el cual no es necesario que la persona manifieste con certeza y honestidad sus características positivas y negativas. Durante una cita, cualquier individuo puede conquistar con hechizos el corazón de su compañera. Él maneja un hermoso auto y paga todos los gastos; ella se ve maravillosa, pero, ¿a quién le importa? Aparentar ser una persona que sabe divertirse nada dice sobre su carácter o su habilidad para llegar a ser un buen esposo o esposa.

Parte de la razón por la cual las citas son una aventura divertida, es porque nos provee de un descanso de lo que es la vida real. Es por esta razón que cuando me case, voy a tener como costumbre salir con mi esposa. En la vida matrimonial es necesario tomar ciertos descansos de las tensiones del trabajo y de los hijos; es necesario alejarse de todo de vez en cuando. Pero dos personas que estén considerando seriamente la posibilidad de casarse, necesitan estar seguros de no relacionarse sólo con el aspecto divertido y romántico del noviazgo. Su prioridad no debe ser alejarse de la vida real; ¡van a necesitar una fuerte dosis de realidad objetiva! Necesitan conocerse el uno al otro en el ambiente real compuesto por amigos y familiares.

Ambos necesitan verse sirviendo y trabajando. ¿Cómo se relaciona él con las personas que lo conocen mejor? ¿Cómo reacciona ella cuando las cosas no funcionan a la perfección? Al considerar quién será nuestro futuro compañero, necesitamos encontrarle respuesta a este tipo de preguntas, que no serán contestadas durante ni por medio de las citas.

Los viejos hábitos no mueren con facilidad

Los siete hábitos de las citas que no son saludables revelan que no podemos arreglar muchos de los problemas que se nos presentan en las citas y en los noviazgos a corto plazo, con simplemente hacerlo de la manera correcta. Yo creo que en las salidas existen tendencias peligrosas, las cuales no desaparecerán sólo por el hecho de que un cristiano es quien la maneje. También aquellos cristianos que pueden evitar los abismos del sexo premarital y los rompimientos traumáticos, con frecuencia consumen mucha energía luchando contra la tentación.

Si alguna vez has salido en una cita con alguien, esto debe sonarte bastante familiar. Creo que por demasiado tiempo nos hemos enfrentado al tema de las relaciones usando la mentalidad y los valores del mundo, y si eres de los que lo han intentado, estarás de acuerdo conmigo cuando digo que simplemente no funciona. Dejemos de gastar más tiempo luchando contra el carrito descontrolado de las citas amorosas y el noviazgo a corto plazo. Ha llegado el tiempo de que adoptemos una nueva actitud.

Capítulo Tres

Una nueva actitud

CINCO CAMBIOS DE ACTITUD QUE AYUDAN A EVITAR LAS CITAS QUE NO SON SALUDABLES

En el capítulo anterior hablamos sobre los siete hábitos de las citas que no son saludables. Probablemente ese capítulo desafió tu manera de pensar sobre el noviazgo y las citas. De ser así, es muy posible que te estés diciendo a ti mismo: "Puedo estar de acuerdo en que hay varios problemas en tener citas habitualmente, pero ¿qué debo hacer entonces? Debido a que soy creyente, ¿cómo puedo evitar las citas o el noviazgo que no es saludable?"

El primer paso que hay que dar es cambiar la actitud que tienes hoy frente a las citas y el noviazgo. Esto es fácil decirlo, pero difícil hacerlo, ¿no es verdad? Pero en Efesios 4:22-24, Pablo nos demuestra cómo podemos lograr una transformación en nuestras vidas: "...despojaos del viejo hombre, que está viciado conforme a los deseos engañosos, y renovaos en el espíritu de vuestra mente, y vestíos el nuevo hombre, creado según Dios en la justicia y santidad de la verdad".

Hasta que no renovemos nuestra manera de pensar respecto al amor y las relaciones, nuestros estilos de vida continuarán revolcándose en el fango de los noviazgos que no son saludables.

Me gustaría compartir con claridad en este capítulo, lo que creo es la perspectiva que Dios desea que tengamos respecto al romance. Lo que sigue son cinco importantes "nuevas actitudes", las cuales te ayudarán a liberarte de esos hábitos negativos que están presente en las citas y en los noviazgos. Cada una de estas "nuevas actitudes" proceden de nuestra perspectiva sobre tres áreas en particular: el amor, la pureza y la soltería. En la próxima sección ampliaremos un poco más estas áreas, pero por el momento, los cambios de actitud que acabamos de describir arrojan un poco de claridad sobre la alternativa práctica que Dios les ofrece a aquellos que desean de Él nada más que lo mejor.

1. *Cada relación es una oportunidad para modelar el amor de Cristo.*
Beatriz es una extrovertida estudiante de primer año en una universidad cristiana, y posee una reputación de ser un poco coqueta. Desafortunadamente, gran parte de su interacción con los chicos es falsa, la misma se enfoca en atraer la atención hacia ella, y de esta manera hacerse notar por la persona en la cual está verdaderamente interesada. Beatriz invierte más energía en tratar que un joven se enamore de ella, que en estimularlo hacia una vida de santidad.

Pero cuando Beatriz logre cambiar su actitud, y se dé cuenta de que su amistad con los chicos son oportunidades para demostrarles el amor de Cristo, el giro será de 180 grados; un giro de la coquetería hacia la honestidad, hacia el amor sincero, por medio del cual tratará a los jóvenes como hermanos y no como potenciales novios. En lugar de verse a sí misma como el centro del universo, donde todos los demás giran a su alrededor, ella puede comenzar a procurar oportunidades para bendecir a otros.

El mundo conocerá que somos seguidores de Cristo por la manera en que nos amamos los unos a los otros. Es por esta razón que debemos practicar el amor de la manera en que Dios lo define —con sinceridad, con corazón de siervo y sin egoísmo— y no el estilo de amor tal y como lo define el mundo que es egoísta y sensual, basado sólo en lo que te hace sentir bien.

2. Mis años de soltería son un regalo de parte de Dios.

Miguel tiene veinte años de edad y su personalidad es tan atractiva como lo es su apariencia física. Como aprendiz en el ministerio de jóvenes de su iglesia, ha tenido más que suficientes oportunidades de conocer jóvenes cristianas. A pesar de reconocer el potencial que tiene de ministrar como soltero, no se siente presionado a casarse, sin embargo ha desarrollado un patrón de salir con una chica tras otra. Aunque no ha hecho nada inmoral, sus pautas de las relaciones a corto plazo potencialmente le roban la flexibilidad, la libertad y el enfoque que debe tener como soltero. Él continúa actuando basado en la antigua manera de pensar que dice: "sin una novia me siento incompleto".

Pero cuando Miguel adopta una nueva actitud desde el punto de vista de la soltería como un regalo, entonces aprende a contentarse simplemente con ser amigos, durante el tiempo que Dios desee que permanezca soltero. Como resultado de esta nueva actitud, puede echar a un lado todo el desorden y la confusión que traen las relaciones a corto plazo. Con todo el tiempo y la energía que ahora tiene a su disposición, puede ministrar con mayor efectividad, y procurar profundizar su amistad con personas de ambos sexos.

Hasta que no reconozcas el regalo de la soltería, es muy probable que dejes de aprovechar las increíbles oportunidades que la misma te presenta. Como soltero tienes la libertad ahora mismo de explorar, estudiar y conquistar el mundo. Ningún otro momento en tu vida te ofrecerá estas oportunidades.

3. La intimidad es la recompensa del compromiso ... no necesito perseguir una relación romántica antes que esté listo para el matrimonio.

Jenny es una chica de diecisiete años de edad, y ha sido novia de un joven de la iglesia por más de un año. Ambos son cristianos maduros, y anhelan casarse algún día. El problema se encuentra en el "algún día", para ser realista, no se podrán casar por varios años. Ellos tienen cosas especiales que hacer para Dios antes de dar un paso tan serio.

La forma en que actuábamos antes, nos diría que la intimidad es muy placentera, por lo tanto, disfrútala ahora. Pero la nueva actitud, sin embargo, reconoce que si dos personas no pueden comprometerse, entonces no tienen por qué involucrarse románticamente.

Aunque no es fácil, Jenny le dice a su novio que necesitan limitar el tiempo y la energía que están invirtiendo el uno en el otro. Confiando en que si es la voluntad de Dios, él los volverá a unir otra vez, ambos deciden terminar su relación íntima hasta que puedan establecer un compromiso; y aunque luchan con los sentimientos que surgen al separarse, y les hace falta la cercanía que antes gozaban, ambos entienden que a largo plazo —sea que se casen o que lo hagan con otra persona— la decisión que han tomado es la mejor para los dos.

Dios nos ha creado con un deseo por la intimidad, y su propósito es suplir ese deseo. Dios no espera que durante la soltería desaparezcan estos sentimientos, pero yo creo que mientras tanto, Él nos pide que procuremos relaciones estrechas con nuestra familia, y también relaciones profundas no-románticas con nuestros hermanos y hermanas en Cristo.

Esto no significa que debes casarte con la primera persona con la que tengas romance e intimidad. Aunque conozco personas que sí lo hicieron, a la mayoría de nosotros no nos sucederá lo mismo. Cada uno de nosotros probablemente desarrollará relaciones íntimas con varias personas antes que Dios nos indique con claridad con quién nos hemos de casar. Pero no podemos usar esta realidad como una excusa para buscar el romance sólo por amor al romance mismo. Yo creo que este tipo de mentalidad es egoísta y no tiene sentido. Si no estás listo para considerar el matrimonio, o no estás verdaderamente interesado en casarte con alguien en particular, ¿entonces por qué alentar a una persona a que se interese en ti y en tus necesidades, y por qué pedirle que supla tus necesidades físicas o emocionales?

4. *Nadie me "pertenece" fuera del matrimonio.*
Ante los ojos de Dios, dos personas que se casan se convierten en uno. Y al ir madurando, generalmente sentirás ansias por la unidad que viene cuando compartimos nuestra vida con nuestra pareja. Es posible que sientas ese mismo anhelo ahora mismo. Sin embargo, creo que hasta que estemos listos para el compromiso que significa el matrimonio para toda la vida, no tenemos el derecho de tratar a nadie como si nos perteneciera.

Sara y Felipe son estudiantes de último año de escuela superior, y han estado saliendo juntos hace unos seis meses. Su relación ha alcanzado un cierto grado de seriedad; podríamos decir que mejor les sería estar casados. Es rara la vez que hacen algo por separado, monopolizan sus respectivos fines de semana, manejan el auto del otro, y conocen la familia del otro tanto como sus propias familias. Su relación física también ha tomado un giro bastante serio. De hecho, se ha convertido en una situación bastante precaria, y aunque todavía no han tenido relaciones sexuales, a menudo luchan con la tentación de consumar el acto.

La antigua forma de comportarnos nos dice que podemos "jugar al matrimonio" si es que en realidad amamos a alguien. Pero la nueva actitud percibe las demandas de una persona sobre la otra, en términos de atención, afecto, y futuro antes del matrimonio, como algo completamente injustificado.

Sara y Felipe reconocen que deben darle fin a su relación por la manera en que se encuentra en este momento. Al hacerse reclamos el uno al otro, han suprimido su crecimiento individual, y de manera innecesaria han consumido las energías que debieron estar usando en el servicio y la preparación personal para su futuro. Ambos han planificado sus vidas alrededor del otro, cuando en realidad no saben si se casarán algún día. En este caso, y en la mayoría de los noviazgos que desarrollan los estudiantes de escuela superior, la realidad es que probablemente terminará casándose con otra persona.

Aunque Sara y Felipe hubiesen mantenido su relación física completamente pura, aun así, las demandas que se hubiesen hecho mutuamente sobre su vida emocional y espiritual, serían injustificadas al continuar con su relación. Si Dios los quiere juntos en el futuro, la decisión de terminar su relación, no es un obstáculo a Su plan. En este momento lo que deben hacer es obedecer a Dios y no continuar con una relación en la cual se están robando el uno al otro.

¿Estás haciendo demandas emocionales, espirituales o físicas injustamente a otra persona? Pídele a Dios que te muestre si es necesario que evalúes tu relación actual.

5. *Evitaré situaciones que pueden comprometer la pureza de mi cuerpo y de mi mente.*

Jessica es una chica de dieciséis años, la cual es muy buena pero desafortunadamente demasiado ingenua. A pesar de ser virgen y de haber hecho el compromiso de guardarse hasta el matrimonio, con su novio que es mayor que ella, se coloca a menudo en situaciones comprometedoras —hacer la tarea de la escuela en su casa cuando su mamá no se encuentra— salir a caminar solos al campo, finalizar una cita mientras el auto de su novio está estacionado. Si fuera honesta, Jessica tendría que admitir que le agrada la emoción que siente al estar en dichas situaciones. Ella cree que todo es muy romántico, y esto la hace sentir como que tiene cierto control sobre su novio quien, honestamente, irá en su relación física sólo hasta donde Jessica se lo permita.

Pero cuando Jessica asume una nueva actitud, ella se percata de que la pureza consiste en algo más que el simple hecho de permanecer virgen. Al examinar honestamente la relación con su novio, ella se da cuenta que se ha apartado del "camino" de la pureza, y para poder regresar es necesario hacer cambios drásticos en su comportamiento. En primer lugar, ella termina la relación con su novio debido a que el enfoque ha estado en el aspecto físico; y luego se compromete a huir de aquellas situaciones que se prestan a comprometer su integridad.

Dónde, cuándo, y con quién escoges invertir tu tiempo, va a demostrar tu verdadero compromiso con la pureza.

¿Necesitas examinar tus tendencias? Si necesitas hacerlo, asegúrate de evitar colocarte en situaciones que alientan la tentación.

Lastre innecesario

Es posible que en este momento estés pensando: "¡Esta nueva actitud es radical!" Y quizá pienses si te será posible adoptar actitudes aparentemente extrañas a las llevabas hasta el momento. Estoy consciente de que esta nueva forma de actuar es un reto al pensamiento convencional y a los hábitos que hayas adoptado en tu vida. Pero yo creo que si queremos vivir la vida "al estilo de Dios" entonces debemos abrazar un patrón de vida que es revolucionario. Decidir vivir la vida al estilo de Dios, completamente entregados a la obediencia, es una forma de vida que no deja lugar para las pequeñeces, la falta de sinceridad, la perdida de tiempo o el egoísmo. En síntesis, es un estilo de vida que no deja lugar alguno para los siete hábitos de las citas que no son saludables.

Puede ser que todo esto suene demasiado difícil para ti, pero si estás dispuesto a darle la atención que merece, creo que encontrarás que es algo que puedes hacer y hasta llegar a desearlo.

¿Por qué? Porque el cristiano que tiene sus ojos fijos en la meta del amor sincero e inteligente, encontrará que no es ningún sacrificio echar a un lado el criterio del mundo respecto a las relaciones. Rechazar la manera en que antes actuábamos es la respuesta natural no sólo a los problemas evidentes cuando tenemos citas o noviazgos en forma regular, sino aun más importante, es la respuesta natural al Supremo llamado que hemos recibido de parte de Dios. Él es quien nos ordena que nos "despojemos de todo peso y del pecado que nos asedia" y que "corramos con paciencia la carrera que tenemos por delante" Hebreos 12:1, Dios desea que ganemos la carrera de la vida. Las actitudes y las costumbres establecidas por nuestra cultura respecto a la citas y el noviazgo, son un peso innecesario que nos impide correr con libertad.

Pero me preguntarás ¿y cuál es la alternativa? ¿La soledad? ¿La soltería de por vida? ¿Pasar los viernes en la noche viendo videos en casa junto a tu gato? ¡No! ¡No! ¡No!

Escoger decirle adiós al "jueguito" de las citas no significa que estás rechazando la amistad con el sexo opuesto, el compañerismo, el romance o el matrimonio. Sí podemos involucrarnos en estas actividades, lo diferente es que escogemos hacerlo dirigidos por las reglas establecidas por Dios, y en Su tiempo. Dios nos pide que coloquemos todas nuestras ambiciones románticas en el montón titulado "todas estas cosas" que debemos dejar atrás, para que podamos "buscar primeramente el reino de Dios y su justicia" Mateo 6:33. Dejar atrás las citas y el noviazgo a corto plazo es un efecto secundario que procede de lo que Dios quiere en primer lugar y es que seamos consumidos apasionadamente por el deseo de buscarlo a Él con todo el corazón.

Haciendo el intercambio

Muchas de las actitudes y costumbres que vemos actualmente en los noviazgos, están directamente en conflicto con el estilo de vida de amor prudente que Dios desea que vivamos. Permíteme hacerte algunas preguntas un poco directas. ¿Estás dispuesto a romper con las reglas establecidas por nuestra cultura, con tal de experimentar lo mejor que Dios tiene reservado para ti? ¿Estás dispuesto a entregarle todo a Él, en un total compromiso de entrega personal?

La siguiente historia relatada por uno de mis predicadores favoritos, el Rabino Zacharías, ilustra claramente la toma de decisiones a la cual nos enfrentamos.

Cierto día, un niño tenía una bolsa con canicas, le ofrece a una pequeña niña que tenía una bolsa con golosinas, hacer un intercambio. La niña asintió gustosamente a hacer el canje, pero el niño al sacar las canicas siente que no puede separarse de algunas de ellas. De forma deshonesta, saca tres de sus mejores canicas y las esconde debajo de su almohada; hacen el intercambio, y la niña nunca se da cuenta de que el niño la engañó. Pero esa misma noche, mientras la niña duerme profundamente, el niño no lograba sentir paz. Con sus ojos muy abiertos pensaba dentro de sí: *¿me pregunto si ella también guardó sus mejores golosinas?*

Al igual que ese pequeño niño, también nosotros andamos por esta vida inundados por la pregunta: "¿Me habrá dado Dios lo mejor que tiene para mí?" Pero la pregunta que primero debemos contestar es la siguiente: "¿Le estoy dando yo a Dios lo mejor de mí?"

Tú y yo nunca podremos experimentar lo mejor de parte de Dios —en la soltería o en el matrimonio— hasta que no nos entreguemos completamente a Dios. Nos hemos quedado con actitudes antiguas, aferrándonos neciamente a un estilo de vida que de acuerdo al mundo nos llevará a una supuesta plenitud. Dios nos está pidiendo que le demos todo a Él.

¿Dónde te encuentras en este momento? ¿Le has entregado a Dios todo lo que hay dentro de ti, o aún tienes en tus manos tus canicas favoritas, entre las cuales están tus actitudes respecto al noviazgo?

En los siguientes capítulos examinaremos nuestras actitudes hacia tres aspectos del corazón —el amor, la paciencia y la pureza— los cuales moldean la manera en que tratamos el tema de las relaciones. Al procurar conocer la perspectiva divina, descubriremos que darle todo a Él, es el mejor de todos los trueques.

PARTE DOS

El corazón
del
asunto

Capítulo Cuatro

Buscando "amor" en el diccionario de Dios

APRENDIENDO SOBRE EL VERDADERO SIGNIFICADO DEL AMOR

¿Hiciste qué cosa?, pregunté con incredulidad.

Jeff se rió a carcajadas y aceleró el auto al doblar la esquina. El verme tan sorprendido era como que lo llenaba de vitalidad.

—Gloria le dijo a su madre que estaba en casa de una amiga, entonces alquilamos la habitación de un hotel el viernes en la noche —me dijo él sin darle mucha importancia a lo que estaba diciendo.

Aunque no parecía tener la edad suficiente como para conducir un auto, mi amigo de dieciséis años estaba actuando como mi chofer durante las semanas de verano que pasé en casa de mi abuela en el estado de Ohio.

Nuestros padres se conocían desde que eran recién casados; teníamos fotos de los dos jugando juntos como preescolares.

Jeff y su novia Gloria, habían estado saliendo por bastante tiempo. Sin contar todas las veces que decidieron terminar su relación para luego volver a reconciliarse, su noviazgo había durado alrededor de un año. Jeff nunca había sido muy explícito en cuanto al nivel de relación física con su novia, pero era obvio que ya habían consumado su relación.

—Alquilamos una habitación en el hotel Holiday Inn en la ciudad de Dayton —me dijo mientras extendía su mano fuera del auto como para tomar el viento fresco de la noche. Me miró mientras sonreía con picardía, y guiñándome un ojo expresó—: ¡Qué hombre!, ¡qué hombre!

—No puedo creer lo que me estás diciendo —le dije, mostrando con mi tono de voz que no estaba de acuerdo con él.

—¿Quieres decir que tú y Gloria han... que han... quieres decir que han dormido juntos?

Jeff pudo notar que yo no estaba muy contento. Él deseaba impresionarme, y pensó que le daría una palmada en la espalda como solían hacer sus compañeros deportistas, y que lo elogiaría por su gran "hazaña". Yo sí quería darle una palmada, pero no precisamente en la espalda.

—Escucha, Josh —me dijo él en tono defensivo—, hemos estado esperando por esto bastante .tiempo, fue algo muy especial. Quizá no esté de acuerdo con tu nivel de moralidad, pero ambos pensamos que era el momento adecuado para demostrarnos el amor que sentimos el uno por el otro.

—¿Mi nivel de moralidad? —dije indignado—. ¿Mi moral? ¿Desde cuando es mi moral? ¿Cuántas veces hemos hablado sobre este mismo asunto? ¿Tú y yo, en privado? ¿En la iglesia? Jeff, tú sabes muy bien que esto no es lo correcto. Tú...

—Nos amamos —interrumpió—. Si algún día te enamoras, sabrás a lo que me refiero.

Y ahí terminó la conversación. Por alguna razón la luz duró una eternidad en ponerse verde. Ambos permanecimos sentados en silencio, escuchando el sonido de la señal para girar, y yo no pude hacer otra cosas que mirar hacia afuera del auto.

Cuatro años más tarde, Jeff se dirigía hacia la universidad en el estado de Michigan.

—¡Estoy comprometido! —me dijo mientras hablábamos por teléfono—. Debbie es una chica increíble, nunca en mi vida he estado tan enamorado.

—Qué bien —le dije.

Mis felicitaciones sonaron huecas; no lo pude evitar. Estaba pensando en Gloria. Hacía mucho tiempo que no sabía nada acerca de ella. ¿Qué lugar ocupaba ella ahora? ¿Era el tercer o cuarto lugar entre las que fueron alguna vez sus novias? ¿A eso le llaman amor?

El primer beso

—¿Qué te parece si cenamos comida china? —pregunté mientras salíamos de casa.

—Me parece grandioso —contestó Eric con acostumbrado entusiasmo.

Aunque había pasado poco tiempo desde que conocí a Eric y a su esposa Leslie, ya me daba cuenta con facilidad que Eric mostraba euforia y entusiasmo por todo —inclusive por mi sugerencia de ir a un restaurante.

—¿Te parece bien a ti, querida? —le preguntó con gentileza a Leslie, que estaba sentada en el asiento trasero.

—Por supuesto —respondió ella con dulzura.

Eric y Leslie pasaron a visitarme en su viaje por el noroeste del país. Un amigo en el estado de Colorado me habló de ellos, me contó que estaban recién casados y del pequeño libro que habían escrito. El librito relataba la historia de cómo se conocieron, y la manera en que aprendieron a amarse sin seguir las reglas del típico noviazgo.

Sería difícil poder encontrar una pareja más romántica que ésta. Ambos se adoraban, y era fácil notarlo. Muy rara vez Eric dejaba de mirar a Leslie. Camino al restaurante, él deslizó su mano hacia el asiento trasero, y Leslie se la agarró. Esto era algo que yo nunca había visto antes. Ellos se agarraban de las manos mientras uno manejaba el auto y el otro permanecía sentado en el asiento trasero.

Después de haber cenado, y mientras abríamos las "galletas de la fortuna", les hice una pregunta con picardía:

—Ustedes dos parecen no poder dejar de tocarse el uno al otro —Leslie pareció sonrojarse—. ¿En su noviazgo se les hizo muy difícil mantener la pureza en el aspecto físico?

Eric tomó la mano de Leslie y le sonrió antes de responder:

—Por supuesto que el deseo físico estuvo presente, siempre lo estará —dijo él—. Pero en realidad no fue una lucha para nosotros. Leslie y yo decidimos desde el comienzo de nuestra relación que nos íbamos a abstener de todo contacto físico hasta el día de nuestra boda. Nuestro primer beso fue en el altar.

Mi asombro fue notable.

—¿Ustedes no se besaron hasta el día de su boda?

—No —dijo Eric sonriente—. Lo máximo que hicimos fue tomarnos de la mano. Pero Josh, nosotros entendemos que este tipo de norma no es para todas las pareja. Nuestra decisión no fue de índole legalista; fue algo que decidimos hacer de corazón. Todo el mundo, incluso nuestros padres, nos decían que debíamos besarnos, pero decidimos que esto era lo que deseábamos hacer. Para nosotros era una manera de demostrarnos el amor que sentíamos, y de protegernos mutuamente hasta el matrimonio —y con ojos resplandecientes me dijo—: Déjame decirte algo Josh, ese primer beso fue lo más increíble y hermoso en todo el mundo. No puedo ni comenzar a describirlo.

Eric y Leslie. Jeff y Gloria. Dos parejas que usaron la misma palabra —amor— para explicar qué fue lo que los motivó a actuar de manera opuesta. ¿Las dos parejas estaban hablando sobre lo mismo? Para Jeff y Gloria, el amor justificaba pasar una noche en la habitación de un hotel gozando mutuamente de sus cuerpos antes del matrimonio. Para Eric y Leslie, el amor significaba evitar casi todo contacto físico, antes de desfilar hasta el altar. Para Jeff y para Gloria, el amor era impaciente y demandaba ceder a unas convicciones. Para Eric y para Gloria, el amor era lo que alimentaba su integridad y les daba la paciencia necesaria para esperar.

Una palabra. Dos definiciones.

Enamorados del amor

Por decisión propia, soy un romántico sin esperanza. De ser posible tal cosa, se podría decir que estoy enamorado de la idea de estar enamorado.

Nada se le puede comparar, y si en algún momento has experimentado el estar enamorado, sabes muy bien a qué me refiero. Estar enamorado es como un momento increíble formado por mil momentos indescriptibles. Una corriente de energía corre por todo tu cuerpo cada vez que piensas en esa persona en especial, cosa que sucede cada minuto del día. Pierdes interés en los aburridos quehaceres como lo son comer, dormir, y pensar racionalmente. Descubres que todas las canciones de amor que escuchas en la radio fueron escrita para ti. Parece ser como que alguien quitó las vendas de tus ojos y ahora puedes ver todo un mundo lleno de maravilla, misterio y felicidad.

Yo amo el amor. Pero he llegado a la conclusión de que en realidad no sé mucho al respecto. Por supuesto que puedo hablarte sobre el aspecto cálido, y un tanto confuso del amor. Puedo entregarme al romance con toda la pasión de Romeo, pero en la escuela de Dios del amor verdadero, temo que aún estoy en el jardín de infantes.

Dios desea darme a mí y a otros románticos que compartimos un "amor por el amor", una mayor y más sublime perspectiva. Él desea que profundicemos en nuestra comprensión. El romance tiene la capacidad de estremecernos hasta la médula, pero esto sólo es una pequeña parte de lo que es el verdadero amor. Hemos estado jugando con arena en la orilla ... Dios anhela que entremos al agua profunda.

¿Afrodita o Cristo?

No puedo enfatizar sobre lo importante que es poder adquirir la perspectiva divina respecto al tema del amor. Podemos entrelazar todos los hábitos negativos respecto al noviazgo, junto a las actitudes sobre el amor de un mundo caído, y llegaremos a la conclusión de que el conflicto entre la definición del amor que nos da Dios y la que nos provee el mundo no es nada nuevo. Los cristianos siempre han tenido que enfrentarse ante la opción de escoger imitar al Maestro o involucrarnos en el tentador patrón de comportamiento que nos ofrece el mundo.

El apóstol Pablo tenía conocimiento de esta lucha al escribir su famoso capítulo sobre el amor, a los cristianos que vivían en Corinto. Él debió haber notado lo irónico de su labor. En los días del apóstol Pablo, escribir una carta sobre ese tema a ese pueblo, era como escribirle una carta sobre valores familiares al Hollywood de hoy. Corinto era sinónimo de inmoralidad. "Jugar al estilo de Corinto", significaba entregarse al placer sexual. El término "mujer corintia", era usado en lugar de la palabra prostituta. ¿Qué esperanza tendría Pablo de lograr compartir eficazmente la pureza del amor de Dios, a una ciudad sumida en perversión?

> *El amor es sufrido, es benigno; el amor no tiene envidia,*
> *el amor no es jactancioso, no se envanece.*

1 Corintios 13:4

La animada y cosmopolita ciudad había elevado la relación sexual a su máxima expresión religiosa. El templo de Afrodita, la diosa griega del amor, empleaba mil prostitutas. ¿Cómo podría esta gente comprender el verdadero significado de la declaración "Dios es amor" (1 Juan 4:16), cuando en cada esquina y en cada prostíbulo había quienes les ofrecían su versión del amor, placer sexual? ¿Ellos podían comprender la verdad y la belleza del verdadero amor, ante la seducción del amor falso que se les ofrecía?

> *No hace nada indebido, no busca lo suyo,*
> *no se irrita, no guarda rencor.*

1 Corintios 13:5

¿Quién triunfaría en Corinto: Afrodita o Cristo? ¿Desplazaría el sensualismo al espíritu de siervo? ¿Escogerían los lectores de la humilde carta de Pablo lo eterno, o se aferrarían a los placeres momentáneos y pasajeros?

Hoy día los creyentes se enfrentan a una lucha semejante. Aunque separados por unos dos mil años, las similitudes abundan entre nuestra cultura y la de Corinto. Más que en ningún otro momento, el sexo se ha convertido en un artículo de consumo. El sensualismo y la sensualidad exagerada nos gritan desde cada esquina, y si no desde los mismos prostíbulos, o desde los carteles publicitarios y los quioscos de periódicos y revistas. Un mensaje publicitario del diseñador Calvin Klein susurra en nuestros oídos diciéndonos: "El amor es sexo". Otra película nos dice: "El sexo es placer". Y en la radio escuchamos el mensaje dulce en una canción que nos dice al oído: "El placer es lo único que importa". En medio de todo este sermoneo, el tranquilo mensaje de parte de Dios respecto al verdadero amor continúa hablándole a todo el que quiera escuchar.

¿Tú puedes escucharlo? Suelta la revista, apaga la videograbadora. Desenchufa la radio y escucha...

> *No se goza de la injusticia, mas se goza de la verdad. Todo*
> *lo sufre, todo lo cree, todo lo espera, todo lo soporta. El amor*
> *nunca deja de ser.*

1 Corintios 13:6-8

La pesadilla de la moda

Al igual que los creyentes en Corinto, nosotros también tenemos dos estilos de amor entre los cuales escoger —el de Dios o el del mundo—. ¿Cuál escogeremos?

Tengo una ilustración que quizá nos ayude a comprender nuestro papel como seguidores de Cristo, y por tal motivo, el estilo de amor que debemos adoptar. Quizá pienses que suena algo extraño al principio, pero ten paciencia. Verás que todo cobrará sentido cuando lo haya explicado. Creo que debemos ver el amor como una prenda de vestir.

Desde el momento en que Adán y Eva desobedecieron a Dios y se vistieron con hojas de higuera en el jardín de Edén, el mundo ha experimentado algo parecido a una "moda pesadilla", pero no en términos de vestimenta sino en términos del amor. Cuando el pecado manchó el diseño original de Dios respecto al amor, el género humano comenzó a "vestir" una imitación torcida y corrompida fundamentada en el egoísmo y la irresponsabilidad.

Pero debido a que el amor de Dios es perfecto y perdurable, Él creó una manera para que pudiésemos experimentar nuevamente su diseño en cuanto al amor se refiere. Él envió a Cristo Jesús para volver a poner las cosas en orden. Usando términos del campo de la moda, podríamos llamar al Autor y Consumador de nuestra fe, el Diseñador y el Modelo de una revolucionaria expresión de amor. Cristo dio su vida por un mundo que lo rechazaba, y nos dijo que debemos amar a nuestros enemigos. Él le lavó los pies a los hombres que lo llamaron Maestro, y nos enseñó a servirnos unos a otros en humildad.

Él nos dio el patrón: "como yo os he amado, que también os améis unos a otros." Juan 13:34 -y nos dijo que lo debemos compartir con todo el mundo.

Los supermodelos

Es posible que nunca tengas que trabajar como modelo de la alta costura en Nueva York o en París, pero como cristiano, sí tienes que modelar el amor de Dios al mundo. Comprender esta realidad afectará profundamente la manera en que nos enfrentamos a las relaciones, especialmente las relaciones amorosas y los noviazgos. Al involucrarnos en un noviazgo estamos siendo representantes del amor de Dios, no tan sólo a la otra persona, sino también a todos los que nos observan.

Como cristianos debemos recordar que el perfecto amor de Dios no es sólo para nuestro beneficio personal. Un modelo viste con el propósito de atraer la atención a la creatividad del diseñador. El modelo exhibe la obra del diseñador, pero es la reputación del diseñador la que está en juego, y no la del modelo. De la misma manera, nosotros los cristianos modelamos el amor de Dios, nos percatemos de ello o no. La gente nos observa, y lo que ven, afecta la reputación de Dios. Si declaramos que somos seguidores de Cristo, y vestimos el estilo torcido y mundano respecto a lo que es al amor, arrastramos por el piso el nombre y el carácter de nuestro Señor.

Es por esta razón que debemos hacernos la siguiente pregunta: ¿Estoy modelando el amor de Cristo? ¿Mis motivaciones y acciones dentro de esta relación son un reflejo del amor perfecto que Dios me ha demostrado? ¿Cómo responderías a estas preguntas ahora mismo?

Me amo a mí mismo

Creo que podemos modelar el amor perfecto de Dios, cuando evitamos los hábitos negativos en los noviazgos. Para lograrlo es necesario una comprensión y rechazo del patrón mundano de lo que es el amor. En primer lugar debemos entender que todos los engaños del mundo fluyen de la creencia de que *el amor existe principalmente para la satisfacción y comodidad del individuo*. El mundo envenena el amor, al centrarse en el suplir las necesidades del individuo como lo primero y lo más importante.

Podemos apreciar de cerca el efecto de este veneno en el caso del chico o la chica que influye sobre la vida de su compañero para que se involucren sexualmente. Seguramente has escuchado las palabras: "Si en realidad me amas te deberías acostar conmigo". En otras palabras: "Lo cierto es que no me importas tú, ni tus convicciones, o la manera en que esto te puede afectar emocionalmente —¡sólo satisface mis necesidades!" ¿Y qué pasa con la persona que comienza una relación, sólo porque la misma afectará de manera positiva su popularidad, pero más tarde rompe con la relación cuando se interesa en otra persona que goza de un nivel social más alto? A pesar de que el primer ejemplo es un extremo, ambos ejemplos son un vivo ejemplo del "amor" egocéntrico en acción.

Lo segundo que se nos dice es que *el amor es primordialmente un sentimiento*. A primera vista, esta aseveración parece ser bastante inocente —a menudo sentimos amor, y necesariamente esto no es malo—. Pero cuando hacemos de los sentimientos la prueba básica para saber si es el verdadero amor, nos colocamos a nosotros mismos en el centro de importancia. Nuestros sentimientos por sí solos, no tienen la capacidad de hacer ni una pizca de bien por nadie. Si un individuo "siente" amor por los pobres, pero nunca da dinero para ayudarlos, y nunca muestra bondad hacia ellos, ¿qué valor tienen esos sentiminetos? Sus sentimientos quizá le sean de beneficio personal, pero si sus acciones no comunican dicho amor, entonces no tienen ningún significado.

Al exaltar sobremanera la importancia de los sentimientos, descuidamos la importancia de manifestar el amor por medio de la acción. Cuando evaluamos la calidad del amor que sentimos por alguien simplemente basados en nuestra satisfacción emocional, lo que manifestamos es egoísmo.

Me he caído y no puedo levantarme

Lo segundo que es comúnmente falso relacionado con el amor, tiene que ver con la responsabilidad personal. El mundo nos dice que *el amor está más allá de nuestro control*.

Esta manera de pensar ha venido a formar parte de nuestro lenguaje. Para describir el principio de una apasionada relación amorosa usamos términos tales como: "he caído presa del amor". Hay otros que dicen: "Estamos locamente enamorados". Es muy posible que hayas escuchado a alguien decir estas palabras en algún momento —quizás tú mismo las has usado.

¿Por qué razón será que nos vemos obligados a comparar el amor con una trampa, o con un estado de desorden mental? ¿Qué es lo que revelan estas declaraciones sobre nuestras actitudes hacia el amor? Yo creo que la razón por la cual hacemos estas analogías exageradas, es porque eliminan toda responsabilidad personal. Si una persona cae presa en una trampa, ¿podrá hacer algo al respecto? Si un animal contrae rabia, y corre por todos lados echando espuma por la boca y mordiendo a las personas, no puede hacer nada para excusar su comportamiento por cuanto está rabioso.

¿Te parece un poco absurdo dialogar sobre el amor en tales términos? Ya lo creo. Sin embargo, tenemos tendencia a expresar nuestras experiencias con el amor de igual manera. Pensamos en el amor como algo que está fuera de nuestro dominio o control, y por lo tanto nos autodisculpamos de tener que comportarnos de manera responsable. En casos extremos, hay quienes le han echado la culpa al amor por haber cometido actos de inmoralidad, asesinato, violación, y muchos otros pecados. Está bien, está bien, es muy posible que ni tú ni yo hayamos hecho cosas semejantes; pero quizá le has mentido a tus padres o a tus amigos por causa de una relación. Tal vez ejerciste presión sexual indebida sobre tu compañero, y si el amor está fuera de nuestro control, es imposible que nos hagan sentir responsables por tales hechos. Sí, es cierto que nos hemos comportado imprudentemente. Sí, estamos conscientes de haberle hecho daño a otros en el proceso, pero es que no lo pudimos evitar. Estábamos bajo el hechizo del amor.

Una bofetada en la cara

El mundo puede definir y defender el amor en estos términos, pero la Biblia nos ofrece una perspectiva completamente diferente. Para la persona que practica el amor egocéntrico, gobernado por los sentimientos y fuera de control, al estilo del mundo, la definición que Dios ofrece del amor puede ser tan sorprendente como una inesperada bofetada en la cara.

El mundo nos lleva a la pantalla grande sobre la cual se proyectan imágenes de pasión y romance, y mientras nosotros las observamos el mundo nos dice: "Así es el amor". Dios nos lleva al pie de un madero sobre el cual cuelga el cuerpo ensangrentado y semidesnudo de un hombre, y nos dice: "Así es el amor."

Dios siempre define el amor mientras apunta hacia su Hijo. La Palabra se hizo carne, y habitó entre nosotros para darnos un punto de referencia, un ejemplo vivo, palpitante y revolucionario de lo que es el verdadero amor. El antídoto que nos ofrece Cristo en contra del veneno del amor egocéntrico es la cruz. "Jesús dijo a sus discípulos: Si alguno quiere venir en pos de mí, niéguese a sí mismo, y tome su cruz, y sígame". Mateo 16:24.

Cristo enseñó que el amor no es para *la plena satisfacción personal, sino para el bien de otros y para la gloria de Dios.* El verdadero amor no es egoísta, se da a sí mismo; sabe sacrificarse; muere a sus propios deseos y necesidades. "Nadie tiene mayor amor que este, que uno ponga su vida por sus amigos" Juan 15:13. Jesús apoyó sus palabras con sus acciones —Él primero entregó su vida por todos nosotros.

Cristo también nos enseñó que *el verdadero amor no es gobernado ni se mide por los sentimientos.* Él fue a la Cruz, cuando cada instinto y emoción en su cuerpo le pedía lo contrario. ¿Has leído el relato de Jesús orando en el huerto de Getsemaní? Claramente Él no *sentía* ganas de tolerar el maltrato, de ser colgado en una cruz y de entregar su vida. Sin embargo depositó sus sentimientos ante el Padre, entregándose a la voluntad del Padre. Los sentimientos de Jesús no fueron la prueba de su amor, ni tampoco eran su dueño.

Cristo desea que nosotros también tengamos esta misma actitud. Él no dijo: "Si me amas, sentirás sensaciones cálidas que fluyen llenas de emoción religiosa". Lo que dijo fue: "Si me amáis, guardad mis mandamientos" Juan 14:15. El verdadero amor siempre se manifiesta por medio de la obediencia a Dios, y en servicio a los demás. Los buenos sentimientos son hermosos, pero no son necesarios.

El ejemplo de Jesús también nos demuestra que *el amor está bajo nuestro control*. Él *escogió* amarnos, y eligió entregar su vida por nosotros. El peligro de creer que uno "simplemente se enamora", es que también podemos "dejar de estar enamorado" de la misma manera inesperada. ¿No estás agradecido de que el amor de Dios hacia nosotros no es tan impredecible? ¿No estás agradecido de que el amor de Dios está bajo su control, y que no está fundamentado en un simple capricho? Tenemos que echar a un lado la idea de que el amor es una extraña "fuerza" que nos lleva y nos trae como hojas en el viento, en contra de nuestra voluntad. No podemos justificar lo que sabemos está mal, diciendo que "el amor me poseyó" y que "nos hizo" actuar de manera irresponsable. Eso no es amor. Todo lo contrario, esto no es otra cosa que "la pasión de nuestra concupiscencia" tal como lo describe la Biblia en 1 Tesalonicenses 4:5. El verdadero amor se expresa en obediencia a Dios, y en el servicio a los demás —no en comportamiento imprudente o egoísta— y nosotros somos quienes *escogemos* tales comportamientos.

El verdadero amor anula las citas
y los noviazgos

Habiendo considerado estas verdades sobre el amor, apliquemos las mismas de manera práctica. Si tener habitualmente citas amorosas depende de nuestra actitud hacia el amor, entonces ¿qué sucede cuando en las citas adoptamos actitudes cristianas?

Las chispas vuelan por los aires.

El verdadero amor de Dios prácticamente hace nulo el hábito de las citas de la manera en que las conocemos. Considera lo siguiente: cuando eres guiado por las actitudes mundanas las cuales establecen que la razón de ser del amor es para el beneficio personal, estás basando las decisiones dentro de la relación en lo que a ti te conviene solamente. Comencé este capítulo relatando la historia de mis amigos Jeff y Gloria. Desafortunadamente, a menudo ellos se relacionaban de acuerdo a la definición mundana de lo que es el amor. En primer lugar, su motivación era egocéntrica. Jeff comenzó la relación con Gloria sólo porque era una chica hermosa, porque a otros chicos también les gustaba y porque ella lo satisfacía sexualmente. Su criterio para continuar su relación con ella se podría comparar al criterio que usaba para comprar un par de pantalones vaqueros —me hacen sentir bien, me veo bien con ellos—. La actitud de Gloria no era muy diferente a la de Jeff. Se sentía atraída porque él era un "buen partido", un "premio" —era buen mozo, deportista, y tenía un flamante auto—. Ambos satisfacían las necesidades físicas y emocionales del otro, y también se ayudaban para mantener cierta imagen ante los demás.

Pero si se hubiesen apartado de las actitudes egocéntricas establecidas por el mundo, muchas de las "buenas razones" por las cuales procurar una relación amorosa comenzarían a desaparecer. Tal vez si ellos se hubiesen preguntado: "¿Cuál es la verdadera razón por la cual deseo relacionarme románticamente con esta persona? ¿Qué anhelo conseguir que no se pueda encontrar en una amistad? ¿Estoy procurando egoístamente sólo mi satisfacción personal? ¿Qué mensaje le estoy transmitiendo a él (ella)? ¿Estoy estimulando emociones que en realidad no estoy listo para suplir? ¿Esta persona se podrá herir si permito que esta relación continúe? ¿Esta relación va a ser de ayuda o de tropiezo a su andar y a su relación con Dios?"

Necesitamos comenzar a hacernos preguntas como estas. ¿Es posible que esta relación con su enfoque en la otra persona sea más complicada? Quizás. ¿Será más piadosa? Definitivamente lo es. Todas nuestras motivaciones son transformadas cuando extraemos el veneno del amor egocéntrico.

Mayores cambios ocurren cuando decidimos amar con el amor de Cristo. Jeff y Gloria decidieron hacerle caso a la suposición del mundo de que el amor estaba fuera de su control. Sus acciones eran gobernadas por sus sentimientos. Ambos estaban esclavizados a lo que 1 Juan 2:16 llama "los deseos de la carne", y "los deseos de los ojos". Frecuentemente usaban "estar enamorados" como una excusa para desobedecer a Dios. En su relación física, tomaban para sí todo lo que estuviera a su alcance, dentro —y a la larga fuera— de los límites establecidos previo al matrimonio. Terminaron mintiéndoles a sus padres y violando la pureza mutua; y todo esto en nombre del amor. Ambos eran gobernados por los sentimientos, y finalmente cuando los sentimientos se acabaron, también se acabó la relación.

Pero, ¿qué hubiera sucedido si hubieran entendido que tendrían que darle cuentas a Dios por sus acciones —independientemente de que estuvieran "enamorados" o no? Ambos hubiesen echado a un lado los sentimientos.

Lo mismo es verdad para ti y para mí. ¡Necesitamos dar muerte y olvidarnos de nuestros instintos pecaminosos! Por naturaleza, nuestros instintos nos quieren llevar por un camino que conduce a la destrucción. No debemos permitir que sean ellos los que dicten cuál ha de ser la tendencia o el camino de nuestras relaciones. Al contrario, debemos permitir que sean la sabiduría, la paciencia y el desinterés los que nos guíen.

"El amor sea sin fingimiento"

Al procurar amar de acuerdo al diseño establecido por Dios primero que todo debemos ser sinceros. "El amor sea sin fingimiento" —es un breve mandato dado en Romanos 12:9 el cuál es muy difícil que sea mal interpretado. El amor bajo el cual Dios desea que sus hijos vivan no tiene espacio alguno para el engaño y la hipocresía —el mismo debe ser genuino y sincero.

Desafortunadamente, mucho de lo que ocurre hoy día entre chicos y chicas carece de sinceridad. Casi siempre hay motivaciones secundarias, casi siempre existe una "agenda escondida". ¿Qué puedes hacer a mi favor? ¿Qué puedo lograr de ti?

Nunca me olvidaré de una discusión en la cual participé, junto a un grupo de varones. Chicas, quiero decirles que ustedes se hubiesen sentido espantadas de haber escuchado los comentarios allí expuestos. Los chicos estaban dialogando sobre aquellas cosas que podían hacer para lograr que una chica se entregue a ellos. Los jóvenes recitaban frases que estaban expresamente dirigidas a conmover el corazón de las muchachas, y frases por medio de las cuales lograban robarles un beso. Uno de los jóvenes demostró la técnica que usaba en la cual alternaba entre la calidez y el frío desinterés —él expresó que su técnica mantenía a la chica haciendo conjeturas y tratando por lo tanto, de hacer lo mejor posible para complacerlo. Otro de los muchachos compartió con el grupo las maneras de lograr que una chica se sintiera en una disposición romántica. Él llevaba a las jóvenes con las que salía a una tienda de muebles, y mientras los dos caminaban entre las exhibiciones, él se aseguraba de hablar sobre el tema de la familia, y le preguntaba a ella cuáles eran las mesas y el sofá que le gustaría tener en su casa algún día. ¡Las chicas se vuelven locas con esas cosas! —nos decía él. El joven relató que la chica estaría con mayor disposición de ceder al afecto y el romanticismo durante la noche, si en mente había pensamientos sobre el matrimonio y planes para el futuro.

Francamente hablando, esta conversación era un simple estudio en el arte de la manipulación. Todo era completamente falso, y carente de sinceridad. La intención de los chicos no era buscar maneras de bendecir a las chicas; lo único que pretendían era aprender nuevas formas de cómo manejar los botones emocionales, con el fin de conseguir algo para su satisfacción personal.

Estoy seguro de que muchas jóvenes también admitirían tener sus propios trucos. Pero no importa lo común o establecidas que estén estas prácticas en nuestra cultura; cada uno de nosotros tendrá que enfrentarse al juicio de las cinco palabras expresadas por Dios: "El amor sea sin fingimiento".

Necesitamos abrazar en forma personal la increíble responsabilidad que se nos ha dado como representantes del amor de Cristo aquí en la tierra. Jesús dijo: "En esto conocerán todos que sois mis discípulos, si tuviereis amor los unos con los otros" Juan 13:35. El mundo se dará cuenta de que somos diferentes; verán un destello del amor divino y salvador de Dios, por la manera en que nos amamos. ¿Podrá la gente ver la sinceridad del amor de Cristo en nuestras relaciones, o nada más verán el mismo estilo de amor egocéntrico que practica el mundo, y se alejarán desilusionados?

La práctica nos hace perfectos... o perfectamente imperfectos

El amor que demostramos en el noviazgo o en las citas, no sólo le muestra al mundo el amor de Cristo, sino que también nos prepara para futuras relaciones. En la actualidad al relacionarnos con otras personas, estamos estableciendo patrones que llevaremos con nosotros al matrimonio. Por esta razón no sólo debemos practicar el amor sin fingimiento, sino también el tipo de amor que tiene su fundamento en el compromiso.

Hoy en día podemos observar en nuestra sociedad demasiados divorcios y engaños. Puedes hacer una simple prueba —¿cuántos de tus compañeros provienen de hogares rotos? Creo que esta tendencia va a incrementar aun más, en la medida que las próximas generaciones se involucre frecuentemente en noviazgos a corto plazo, y que también lo hagan a edades cada vez más tempranas. Parece ser que el noviazgo y las citas como lo conocemos en la actualidad, no nos preparan para el matrimonio; al contrario, el mismo puede ser un campo de entrenamiento para el divorcio. No podemos poner en práctica un compromiso de por vida, en una serie de relaciones a corto plazo.

¿Esto significa que debemos casarnos con la primera persona que se cruce por nuestro camino? No. Debemos considerar el matrimonio con mucho cuidado y cautela, y estar dispuestos a terminar con una relación si es que Dios nos muestra que eso es lo que debemos hacer. No es sabio apresurarnos a entrar en una relación matrimonial, simplemente porque nos hemos involucrado románticamente con una persona. La mentalidad errada que tanto prevalece hoy en día, no está relacionada con la decisión de escoger un cónyuge. Muchos de nosotros hemos caído presa de la idea de que debemos procurar el romance, sólo por amor al romance mismo. En otras palabras: "Voy a tener cierto nivel de intimidad contigo, sólo porque se siente bien hacerlo, y no porque estoy considerando en oración y con seriedad el matrimonio". Esta actitud no es justa para la otra persona, y además es una terrible preparación para el matrimonio.

¿Quién quiere casarse con un individuo que termine con una relación en cuanto comiencen a disminuir los sentimientos románticos?

¿Quién quiere casarse con una persona que ha desarrollado el hábito de romper sus relaciones, y va en busca de una nueva persona cuando aparece el más mínimo obstáculo?

Debemos comprender que el compromiso de por vida que muchos de nosotros estamos anhelando en nuestro futuro matrimonio, no lo podemos aprender o practicar en un estilo de vida de relaciones a corto plazo. Hasta que no nos comprometamos a procurar que nuestras relaciones funcionen por el resto de la vida —y sí, ciertamente es un gran compromiso— estaremos fallándole a otros y a nosotros mismos, al involucrados mientras tanto, en relaciones amorosas a corto plazo. El verdadero amor espera, y no sólo por la relación sexual. El verdadero amor espera por el momento adecuado para comprometernos con el amor que es al estilo de Dios —inquebrantable, incansable y totalmente comprometido.

Quitando de en medio lo insignificante

Comprometido, sincero, desinteresado, responsable; todas estas palabras describen el amor de Dios; y cada una de ellas son diametralmente opuestas al amor que es practicado por el mundo.

Nuestro breve examen nos lleva a una muy simple conclusión: no podemos amar como Dios ama, y llevar a cabo las citas y los noviazgos como lo hace el mundo. La grandiosa perspectiva de Dios respecto al amor, quita de en medio todo lo insignificante y egoísta; palabras que definen gran parte de lo que ocurre en el noviazgo común.

Quizás algunas de las ideas expresadas en este capítulo te han interesado, y estás pensando, ¿cómo debo responder? Yo tengo algunas ideas sobre cómo debes responder. Es posible que las encuentres retadoras, y quizás no estés de acuerdo con ellas, pero debo aprovechar para exponer aquí mis convicciones.

A mi modo de pensar, si el noviazgo nos alienta a vivir de acuerdo al estilo de amor establecido y que es usado por el mundo, entonces hay que acabar con este tipo de noviazgos y con las citas amorosas. Si el noviazgo nos insta a practicar el tipo de amor que es egoísta y gobernado por los sentimientos, cosa que es contrario al amor de Dios, entonces debemos decirle adiós a las citas. No podemos seguir tratando de acomodar las ideas de Dios a los estilos de vida que la sociedad ha definido para nosotros. Lo que sí debemos hacer es permitir que los valores y las actitudes de Dios redefinan la manera en que vivimos en la sociedad.

Capítulo Cinco

Hacer lo bueno en el momento equivocado, es malo

CÓMO EVITAR QUE LA IMPACIENCIA TE ROBE EL REGALO DE LA SOLTERÍA

En la obra titulada *The Book of Virtues* ["El libro de virtudes"], el autor William J. Bennett cuenta la historia que lleva por nombre "The Magic Thread" ["La hebra dorada"]. En esta historia de la literatura francesa, leemos sobre Pedro, un joven fuerte y capaz, pero con el gran defecto de la impaciencia. Nunca satisfecho con su presente condición, pasaba toda la vida soñando despierto sobre el futuro.

Cierto día, mientras caminaba por el bosque, se encontró con una extraña mujer; una anciana que le ofrece la oportunidad más tentadora —la posibilidad de no tener que sufrir todos los momentos insípidos y triviales de la vida—. La anciana le entrega a Pedro una bola de plata de la cual sale una pequeña hebra dorada.

—Esta hebra es símbolo de tu vida —explicó ella—. No la toques, y el tiempo correrá normalmente. Pero si deseas que el tiempo corra con mayor velocidad, lo único que tienes que hacer es tirar un poco de la hebra, y una hora habrá pasado como si fuera un solo segundo. Pero te advierto, una vez que tires de la hebra, no la podrás meter adentro otra vez.

La hebra mágica parecía ser la respuesta a todos sus los problemas. Era precisamente lo que siempre había anhelado. Pedro tomó la bola de plata y se fue corriendo a su casa. Al día siguiente en la escuela, Pedro estaba frente a su primera oportunidad de darle uso a la bola de plata. La lección está algo aburrida, y el maestro reprende a Pedro por no prestar atención. Entonces toca con sus dedos la bola de plata, y le da un leve tirón a la hebra. De pronto el maestro despide la clase, y Pedro queda libre para marcharse de la escuela. ¡Pedro se siente lleno de alegría! Desde hoy su vida sería muy fácil. Y desde ese mismo momento comenzó a tirar de la hebra un poquito cada día.

Pronto empezó a usar la hebra mágica para precipitarse y pasar por alto grandes porciones de su vida. ¿Por qué gastar tiempo tirando de la hebra un poquito cada día, cuando puede tirar duro de la hebra y completar de una vez los estudios? Pedro así lo hace, y se encuentra de pronto fuera de la escuela y trabajando como aprendiz. Otra vez usa la misma técnica para apresurarse en el compromiso con su novia. No tiene la paciencia para esperar tantos meses para casarse con ella, y por lo tanto usa la hebra dorada para adelantar la fecha de su boda.

Luego continúa de la misma manera por el resto de su vida. Cuando los tiempos se hacen difíciles, él los evita dándole uso a la hebra dorada. Cuando el bebé llora durante la noche, cuando se enfrenta a problemas financieros, y cuando desea que sus hijos emprendan sus propias carreras, Pedro tira de la hebra mágica y evita la incomodidad del momento.

Pero tristemente, al llegar al fin de sus días, Pedro se da cuenta de lo vacío de tal existencia. Al permitir que la impaciencia y el descontento gobiernen su vida se ha robado a sí mismo los recuerdos y los momentos más preciados. No teniendo nada que anhelar excepto la tumba, Pedro tiene un profundo resentimiento por haber usado la hebra mágica.

Al presentar esta historia el señor William Bennett hace el siguiente comentario: "Demasiadas veces, la gente quiere lo que quiere (o lo que ellos *suponen* es lo que quieren, que por lo general es "felicidad" de una u otra forma), y lo quieren *ahora mismo*. La ironía de su impaciencia es que sólo aprendiendo a esperar, y aceptando voluntariamente lo bueno junto con lo malo, es que por lo general logramos alcanzar aquellas cosas que en realidad valen la pena.

¿Está nuestras relaciones dirigidas por la impaciencia?

Creo que podemos adquirir una valiosa sabiduría de la palabras del señor Bennett, al examinar las actitudes que sirven como guía en nuestras relaciones románticas. Al aplicar sus palabras al tema de este libro, dejamos a un lado el etéreo tema del amor, para concentrarnos más específicamente en el tema del tiempo adecuado. Cuando consideramos las relaciones románticas, el tema del tiempo es un factor importantísimo al determinar si nos conviene involucrarnos o no en una relación. Sólo podemos determinar cuál es el tiempo y el momento adecuado para involucrarnos románticamente, cuando llegamos a comprender plenamente cuál es el propósito de Dios para la soltería, y confiamos en Su tiempo.

La práctica de las citas y el noviazgo, tal y como las conocemos, a menudo están alimentadas por la impaciencia. Con seguridad podemos establecer que muchos de los problemas que existen en este tipo de relación se deben a que no es el tiempo de Dios. Queremos lo que queremos, y lo queremos ahora. Aunque no poseemos una hebra mágica, que nos lleva a través de la vida con rapidez, sí podemos desarrollar actitudes erróneas que tienen un efecto similar. Dios, sin embargo, desea que valoremos los dones que nos ha dado en la etapa de nuestra vida que nos toca vivir. Él quiere que aprendamos a tener la paciencia y la confianza que son necesarias para esperar Su momento perfecto en todas las cosas, incluyendo nuestras relaciones amorosas.

Vamos a examinar tres verdades muy simples que nos pueden ayudar a corregir las actitudes erradas respecto al tiempo adecuado de nuestras relaciones.

1. *Hacer lo incorrecto en el momento incorrecto, siempre está incorrecto.*

Los norteamericanos, no aceptamos muy fácilmente el concepto de la satisfacción retardada. Nuestra cultura nos enseña que si hay algo que es bueno, debemos procurar gozar de ello inmediatamente. Por eso es que usamos el horno microondas para cocinar nuestros alimentos, enviamos nuestras cartas por correo electrónico, y enviamos nuestros paquetes por entrega inmediata. Hacemos todo lo que esté a nuestro alcance para escapar de las limitaciones del tiempo al acelerar nuestra agenda personal, acelerar el paso, y hacer cualquier cosa con tal de ganarle tiempo al reloj. Probablemente sabes muy bien a lo que me refiero. ¿Cuál fue tu comportamiento la última vez que tuviste que esperar en fila por algo? ¿Esperaste tu turno pacientemente, o golpeaste nerviosa e incesantemente el piso con la punta del pie, como si trataras de ayudar a que la experiencia sea menos duradera?

Nuestra mentalidad de "hacer todo y ahora", ha afectado tremendamente el tiempo en cuanto al noviazgo se refiere. Los adolescentes comienzan a salir con las jovencitas, y hasta se involucran en relaciones sexuales cada vez a más corta edad. Cuando los jovencitos se involucran prematuramente en las actividades de gente adulta, la mayoría de los padres hacen muy poco por corregirlos. Después de todo, ¿qué pueden decir los adultos cuando también ellos viven de acuerdo a la misma actitud de "agarra todo lo que puedas, y hazlo ahora"?

¿Por qué es que insistimos en vivir de esta manera? En mi opinión, adoptamos esta mentalidad de satisfacción inmediata debido a que hemos perdido la perspectiva bíblica respecto al tiempo y las circunstancias (ver Eclesiastés 3:1-8).

Así como el papel que desempeña la primavera es diferente al del otoño, también los tiempos o las temporadas en nuestra vida tienen un énfasis, un enfoque y una belleza completamente diferentes. Una temporada no es mejor que la otra; cada cual tiene y produce tesoros que son únicos. No podemos dar un salto adelante para experimentar las riquezas de otra temporada, de la misma manera que un agricultor no puede adelantar la llegada de la primavera. Cada temporada edifica sobre la temporada que la precede.

Dios tiene muchas experiencias maravillosas que desea darnos, pero Él ha asignado cada experiencia a un momento en particular de nuestra vida. Humanamente, a menudo cometemos el error de tomar algo que es bueno y *sacarlo* de la temporada que le corresponde, con el propósito de disfrutar de ello cuando *lo deseemos*. La relación sexual premarital es un excelente ejemplo de este principio. El sexo de por sí es una experiencia maravillosa (por lo menos eso me dicen mis compañeros que están casados), pero si lo practicamos fuera del plan de Dios, pecamos. Como la fruta que tomamos del árbol cuando aún está verde, o como la flor que arrancamos antes de que florezca, nuestros intentos por apresurar la temporada o el tiempo de Dios, pueden dañar la belleza de Su plan para nuestra vida.

Sólo porque algo es bueno, no significa que debemos tenerlo ahora mismo. Debemos recordar que hacer lo bueno en el momento equivocado, es malo.

2. *No necesitas ir de compras porque no puedes pagar.*

El tiempo en que se llevan a cabo muchos noviazgos es equivalente a ir a comprar un vestido, cuando no tienes dinero. Aunque encuentres un vestido que te "quede a la perfección", ¿qué puedes hacer al respecto?

En el capítulo 3, la tercera "nueva actitud" que mencionamos, hablaba sobre la importancia de esperar el tiempo de Dios. Una de las cosas que dijimos fue que "la intimidad es la recompensa del compromiso —no necesito involucrarme en una relación romántica antes de estar preparado para el matrimonio".

Antes de que dos personas estén listos para la responsabilidad del compromiso, ambos deben contentarse con una simple amistad, y decidir esperar por el romance y la intimidad. Ejercitar la paciencia no los va a convertir en discapacitados dentro de su relación. Como amigos, ambos pueden poner en práctica las destrezas necesarias sobre cómo relacionarse, cuidarse mutuamente, y cómo compartir con otras personas. También pueden observar el carácter de otras personas y comenzar a ver qué cosas anhelan ver algún día en su compañero. De los noviazgos podemos aprender muchas cosas, pero lo que debemos hacer es asegurarnos de que dichas relaciones nos estanquen. Invertir demasiado tiempo tratando de ver si cumplimos los requisitos como novio y novia, puede ser la causa para que dos personas se distraigan de la tarea primordial de prepararse para ser buenos esposos.

Dios tiene un plan perfecto para tu vida y las probabilidades están a tu favor ya que dentro de esos planes está incluido el matrimonio. De ser así, en algún sitio en este mundo Dios tiene a la persona perfecta para ti. Es posible que conozcas o no a esa persona en este momento. Si gastas todas tus energías y tu tiempo tratando de buscar a esa persona o (si es que ya la has encontrado) tratas de mantener a tu lado a esa persona hasta que te puedas casar, es posible que hasta le puedas hacer daño. El chico o la chica con la que algún día te vas a casar no necesita un novio o una novia (aunque en este momento él o ella deseen uno). Lo que esa persona verdaderamente necesita es alguien que sea lo suficientemente maduro como para pasar la temporada antes del matrimonio, preparándose para ser un esposo o una esposa piadosa. Hagámosle a nuestro futuro esposo o esposa un favor, y dejemos de hacer las compras antes de tiempo.

3. *Cualquier temporada de soltería es un regalo de parte de Dios.* La mayoría de nosotros no va a permanecer soltero toda la vida, y por lo tanto creo que debemos ver nuestra soltería como una etapa de nuestras vidas, como un regalo de parte de Dios. En Primera de Corintios 7:32, Dios nos da un bosquejo de lo que debe ser una actitud correcta en la soltería. En *"El mensaje"* lo traduce de la siguiente manera:

> Deseo vivir la vida lo más libre de complicaciones que me sea posible. Cuando eres soltero, estás libre para concentrarte en no complacer a nadie más que al Maestro. El matrimonio te involucra en todos los pormenores de la vida doméstica, y en querer complacer a tu cónyuge, causando que grandes demandas sean impuestas sobre ti. El tiempo y la energía que los casados invierten en el cuidado y la atención mutua, el soltero lo puede invertir en llegar a ser un instrumento de Dios, completo y santo.

Pablo no dice estas cosas con el propósito de denigrar el matrimonio, lo que dice tiene la intención de animarnos a mirar la soltería como un regalo de parte de Dios. Él no usa la soltería como un castigo personal, ha creado esta etapa como una oportunidad incomparable para el crecimiento y el servicio, lo que no debemos tomar por sentado ni permitir que pase de nosotros sin usarla efectivamente.

Alguien expresó con certeza, "¡No te preocupes tanto por dejar de ser soltero; preocúpate por hacer algo de provecho *con* tu soltería!" Detente sólo un momento y evalúa si no estás usando el regalo de Dios de la soltería de acuerdo a Su designio y deseo. Considera las siguientes preguntas: "¿He concentrado toda mi atención en complacer al Maestro? ¿Estoy usando esta etapa de mi vida para convertirme en un instrumento 'íntegro y santo' al servicio de Dios? o ¿lucho constantemente por encontrar una relación romántica, a través de las citas y el noviazgo a corto plazo? ¿Existe la posibilidad de que yo esté desperdiciando el regalo de la soltería? ¿He permitido que mi vida sea invadida por preocupaciones y complicaciones innecesarias relacionadas con el noviazgo y las citas románticas?"

Quiero decirle a los solteros, que las citas románticas no solo representan un impedimento a nuestra preparación para el matrimonio, también existe la posibilidad de que nos roben el regalo de la soltería. La costumbre de tener citas nos neutraliza y nos estanca en una serie de falsas relaciones, pero el deseo de Dios es que usemos al máximo nuestra libertad y flexibilidad para servirle a Él. La soltería es un regalo de parte de Dios —tengas dieciséis o veintiséis años de edad—. Es posible que le estés haciendo daño a Dios al malgastar el potencial que en ella hay, en un estilo de vida de noviazgos a corto plazo.

¿Realmente confías en Él?

Aunque han sido expuestas con sencillez, estas tres verdades pueden causar cambios radicales al ser aplicadas en nuestras vidas. Para lograr dichos cambios es necesario esperar. Así es; Dios nos pide sencillamente que esperemos. Aunque consideres que esta no es una idea audaz, atrevida o impresionante, sí implica un acto de obediencia y nuestra obediencia es algo que sí impresiona a Dios.

Esperar que llegue el tiempo perfecto de Dios requiere que confiemos en su bondad. Desarrollamos paciencia al confiar que Dios nos va a negar ciertas cosas buenas en el presente, porque tiene algo mejor para nosotros en el futuro.

Debo confesarles algo, a menudo tengo dificultad para depositar toda mi confianza en Dios. Cuando se trata de mi vida romántica, tengo un persistente temor de que Él desea que permanezca soltero por siempre. A veces siento que si Dios permite que me case, será con una chica por la cual no siento ninguna atracción.

Soy consciente de que son preocupaciones tontas y admito que estos temores no los he fundamentado sobre la realidad del Dios amoroso y cariñoso que he aprendido a conocer.

A pesar de conocer que Él es un Dios bueno, a menudo permito que mi falta de fe afecte la manera en que pienso respecto a mis relaciones personales.

Temo que Dios se olvide de mí, en lugar de esperar confiadamente Su tiempo perfecto; a menudo trato de ayudarlo metiendo mis manos en el asunto. Tomo el calendario de mi vida de las manos de Dios, y frenéticamente trato de llenar los espacios con mis propios planes y agenda personal. "Dios, yo sé que eres más que omnipotente:, le digo, "pero creo que se te escapó el hecho de que esa chica que está allí es parte de mi destino. ¡Si no me apresuro en ir tras ella y conquistarla, mi futuro se irá por la borda!"

Finalmente, le devuelvo a Dios con timidez el uso de mi tiempo, mis energías, y toda mi atención, mientras le digo: "¡Por supuesto que confío en ti, Señor, pero creo que podrías usar un poquito de ayuda!"

Las citas y los caramelos

Un artículo que salió en la revista *Time* dejó una imagen imborrable en mi mente: era la imagen de un pequeño niño que estaba sentado solo en un habitación, mirando fijamente un caramelo. Esta extraña foto capta con precisión lo que a veces siento en mi lucha por confiar que Dios se va a encargar de mi futuro estado civil.

El tema del artículo no tenía nada que ver con las citas —ni con el caramelo.

Se trataba de una investigación que se había realizado referente a los niños y comenzaba diciendo lo siguiente:

Resulta ser que un científico puede predecir el futuro sólo por observar la manera en que los niños de cuatro años de edad se relacionan con un caramelo. El investigador invita a los niños, uno por uno, a una habitación vacía, donde comienza el suave tormento.

—Puedes comerte el caramelo ahora si así lo deseas —le dice al niño—, pero si esperas a que yo regrese de un mandado, te podrás comer dos. Entonces el investigador se marcha.

Algunos niños toman la golosina tan pronto como el investigador sale de la habitación. Otros esperan breves minutos antes de rendirse, pero otros se proponen esperar. Los niños cubren sus ojos; algunos descansan sus cabezas sobre la mesa; otros se cantan a sí mismos; otros tratan de jugar y hasta deciden echarse a dormir. Cuando el investigador regresa, entrega a los niños el caramelo por el cual han trabajado tan arduamente. Entonces la ciencia espera a que los niños crezcan.

Cuando los niños llegan a la escuela secundaria, algo extraordinario ha ocurrido. Una investigación hecha a los padres y a los maestros demuestra que aquellos niños que a la edad de cuatro años tuvieron la fortaleza de esperar por un segundo caramelo, generalmente eran adolescentes que manifestaban mayor estabilidad emocional, mayor popularidad entre los compañeros, aventureros, llenos de confianza y en los cuales se podía confiar. Los niños que cedieron inmediatamente ante la tentación demostraron ser más propensos a estar solos, a frustrarse con facilidad y a ser testarudos. También se derrumbaban ante las presiones y evitaban los retos.

Por supuesto, la moraleja de esta historia es que desarrollar el carácter necesario para retardar la satisfacción en pequeñas áreas de la vida, puede resultar en grandes éxitos en otras. Pero los niños de cuatro años por supuesto no sabían eso, no resistieron comer el caramelo con la esperanza de lograr mejores notas en la escuela superior. Ellos vencieron el deseo de comerse el caramelo porque tenían fe —los niños podían imaginarse el momento cuando aquel buen hombre de vestimenta blanca regresara con dos caramelos, perseveraron porque confiaron.

Esta historia me anima grandemente. A veces, cuando estoy en espera del tiempo perfecto de Dios, tengo la misma lucha interna por la cual pasaron estos niños. De la misma manera que el caramelo le hacía señas a los niños para que comieran de su dulce y blanda textura, así también las citas y el noviazgo a corto plazo me llaman por mi nombre, y permíteme decirte algo, se ve muy delicioso.

¿Por qué no me apresuro y lo arrebato? ¿Por qué no debes hacerlo tú tampoco? Porque Dios nos ha prometido algo mejor. Él provee algo mejor para nosotros *ahora*, al aprovechar las oportunidades únicas que ofrece la soltería, y Él proveerá algo muchísimo mejor *después*, cuando nos casemos. Pero es necesario que tengamos la fe para creer, al igual que esos niños, nos encontramos a solas con algo que posiblemente puede satisfacernos de inmediato y se nos hace difícil ver la recompensa que hay al demorar nuestra satisfacción.

Todo se resume en la siguiente pregunta: ¿Confías tú en Dios? Te ruego que no respondas con rapidez sin pensar en lo que estás diciendo. ¿Verdaderamente confías en Él? ¿Vives la vida como si confiaras en Él? ¿Crees que al evitar algo bueno ahora porque no es el tiempo correcto, Dios te recompensará con algo muchísimo mejor cuando llegue el momento adecuado?

Jim y Elizabeth Elliot se enfrentaron a esta difícil pregunta durante su apasionante relación. Ambos se amaban profundamente, y sin embargo, decidieron colocar la voluntad de Dios antes que sus propios deseos. En su libro *Pasión and Purity* ["Pasión y pureza"] la señora Elliot escribe lo siguiente:

Se nos pedía que tuviésemos confianza y que le dejáramos los planes a Dios. Su plan para nuestras vidas era tan remotamente lejano de todo lo que pudiésemos pensar, como tan remoto está el roble al imaginarnos la bellota. La bellota cumple con el propósito por la cual fue creada, sin importunar a su Creador con preguntas sobre cuándo, cómo y por qué. Nosotros a quienes se nos ha dado inteligencia, voluntad, y un surtido de deseos que pueden contraponerse al divino Patrón de lo que es Bueno, se nos pide que confiemos en Él, cuando nos dice: "...si alguno se pierde a sí mismo por causa de mí, sólo entonces se encontrará a sí mismo."

¿Cuándo será que lo hallaremos? —nos preguntamos. La respuesta es: *Confía en Mí.*

¿Cómo será que lo hallaremos? La respuesta sigue siendo: *Confía en Mí.*

¿Por qué debo perderme a yo mismo? -persistimos en decir. La respuesta es: *Observa la bellota y confía en Mí.*

Dios conocía lo que convenía

Muchos son los que se dan cuenta demasiado tarde de que no llegamos al estado de contentamiento como un destino, tanto como nosotros desarrollamos el contentamiento como una expresión inteligente.

Pablo nos dice en 1 Timoteo 6:6 :"Pero gran ganancia es la piedad acompañada de contentamiento." Y en Filipenses 4:11 nos dice: "he aprendido a contentarme, cualquiera que sea mi situación." ¿Cuál es el secreto de Pablo?

Pablo comparte este secreto con nosotros cuando expresa: "Todo lo puedo en Cristo que me fortalece." (Filipenses 4:13). Él confiaba que Dios le daría la fuerza necesaria para sobrellevar *cualquier* situación que viniese contra él. De la misma manera, también nosotros podemos experimentar el contentamiento cuando confiamos que la fuerza y la gracia de Dios nos sostendrán a través de cualquier situación. Sea que eres soltero o casado; querido, amado o vives en soledad; la clave para el contentamiento está en la confianza. Créeme que si como solteros estamos descontentos con la soltería, las probabilidades son que también lo estaremos en nuestro matrimonio.

Cuando definimos nuestra felicidad basado en algo que se ha de lograr en el futuro, la felicidad nunca llegará. Siempre estaremos esperando hasta mañana y si permitimos que la impaciencia gobierne nuestras vidas, no podremos apreciar el regalo del tiempo presente. Llegaremos a ese momento en el cual esperábamos recibir la plenitud anhelada, y lo hallaremos escaso.

Una dama en cierta ocasión, me escribió expresando su frustración ante la idea que tienen muchas personas sobre la mujer que es soltera. Opinan que es alguien que está contando los días hasta que llegue el hombre por el cual han estado esperando.

"¡Pobre mujer soltera!", continuó diciendo. "¡El mundo desea que ella tenga relaciones prematrimoniales, y la iglesia desea que se case! ¿Qué ha pasado con lo expresado por Pablo respecto a la bendición de ser soltero? William Booth, el fundador del Ejército de Salvación, escribió lo siguiente: 'No inculquen, ni permitan que nadie lo haga, en el corazón de sus hijas la idea de que el matrimonio es la razón principal de la vida. Si lo hacen, no se sorprendan si se comprometen con el primer tonto y vagabundo que se les cruce por el camino.' Las mujeres (y los hombres) deben casarse cuando no hay duda de que es la voluntad de Dios para sus vidas, y no porque de otra manera no 'podrían ministrar', o debido a las presiones sociales." A este comentario sólo le puedo añadir un "¡Amén!" desde lo más profundo de mi corazón.

El autor John Fischer, hablando como joven adulto y soltero, expresó lo siguiente: "Dios me ha llamado a vivir el presente, y no de aquí a cuatro años. Él desea que desarrolle en su totalidad mi potencial como hombre, que esté agradecido por mi actual situación y que la disfrute al máximo. Pienso que el soltero que siempre está deseando estar casado, finalmente se casará, descubrirá lo que esto implica, y luego va a desear estar soltero de nuevo. Se preguntará: ¿Por qué no emplee todo ese tiempo para servir al Señor, cuando no tenía tantas obligaciones? ¿Por qué no aproveché para entregarme a Él por completo?"

En vez de apresurarnos neciamente hacia una relación matrimonial por causa de la impaciencia, y algún día tener que evaluar con pena nuestra temporada de soltería; tomemos el compromiso de usar al máximo el gran potencial de la soltería. La soltería es un regalo, vamos a regocijarnos en ella, y disfrutemos de las oportunidades que hoy nos ofrece. Practiquemos el confiar en Dios al buscar primeramente Su reino y Su justicia con todo nuestro ser, y dejemos en sus manos todos los planes futuros.

Nunca podremos entender en esta vida todos lo que Él hace. Pero sí sabemos que a la larga, Su voluntad y el tiempo perfecto serán revelados. En el poema "Algún día", May Riley Smith expresa hermosamente la perspectiva del cielo que un día hemos de poseer:

Algún día, cuando todas las lecciones de la vida
    hayamos aprendido,
Y por siempre se posen el sol y las estrellas,
Aquellas cosas que nuestro débil juicio
    ha desdeñado,
Aquellas cosas sobre las cuales nuestros
    ojos por pena han llorado,
De entre la oscura noche de la vida
    resplandecerán frente a nosotros,
Cómo brillan las estrellas de oscuro azul
    los bellos tonos;

Y veremos lo recto de los planes de Dios,
Y lo que parecía castigo era verdadero amor.
Entonces llénate de contentamiento,
    pobre corazón;
Los planes de Dios, como lirios blancos y puros,
    se exponen;
Las hojas entreabiertas no debemos separar,
El tiempo rebelará el cáliz dorado.
Y, si a través de ardua paciencia, a la tierra
    arribamos
Donde cansados pies puedan descansar,
Cuando con claridad podamos ver y comprender,
Creo que entonces diremos: "¡Dios conocía
    lo que convenía!"

¿Crees que Dios sabe qué es lo que mejor conviene? Entonces coloca el calendario de tu vida a su pies, y permite que sea Él quien se ocupe de poner en la agenda tus relaciones. Confía en Él, incluso cuando esto signifique no involucrarte en relaciones románticas, aun cuando los demás piensen que lo debes hacer. Cuando Dios entienda que ya estás listo para la responsabilidad del compromiso, entonces Él te revelará la persona correcta para ti, en el momento y las circunstancias correctas.

> *Porque yo sé los pensamientos que tengo acerca de vosotros, dice Jehová, pensamientos de paz, y no de mal, para daros el fin que esperáis.*

Jeremías 29:11

Vivamos nuestro *hoy* para Su reino, y confiemos nuestro *mañana* a Su providencia. No hay mejores manos en las cuales depositar nuestro futuro. Lo único que tenemos que hacer es, confiar.

Capítulo Seis

El camino de la pureza

Como estudiante de escuela superior, participé en un retiro de fin de semana en el cual se discutió el tema de la pureza sexual. Durante una de las sesiones nuestro pastor nos pidió que todos llenásemos una encuesta, con el fin de averiguar hasta qué punto habíamos llegado en el tema de las relaciones físicas. El pastor nos proveyó una escala por medio de la cual se le asignaban números a los niveles de intimidad física, dependiendo de su seriedad. El nivel de la actividad iba desde el número uno siendo los besos ligeros, hasta el número diez, representando éste la consumación del acto sexual. El pastor nos pidió que escribiésemos el número más alto al cual habíamos llegado.

Luego de haber depositado la encuesta en una canasta, me marché del salón de clases junto a dos compañeros. Nunca me olvidaré de la conversación que surgió. Uno de mis compañeros miró al otro haciéndole señas con el ojos y le preguntó:

—¿Entonces hombre, cuán alta fue tu puntuación?

Entre risas, mi otro compañero le dijo que había logrado un ocho, casi un nueve. Y entonces los dos comenzaron a nombrar las chicas con las cuales habían llegado a este número.

Coqueteando con las tinieblas

Mis dos amigos eran un vivo ejemplo de lo nublada que está nuestra comprensión de la pureza en nuestros días. Estimamos la pureza muy poco, y la deseamos demasiado tarde. Aun cuando pretendemos afirmar su importancia, nuestras palabras se hacen huecas ante lo contradictorio de nuestras acciones.

¿Deseamos pureza en nuestras relaciones? Decimos que sí. Pero, ¿estamos viviendo el tipo de vida que promueve esta pureza? Desafortunadamente no lo hacemos lo suficiente. "Hazme casto", era la oración de San Agustín, "pero aún no". Al igual que él, nosotros también sufrimos de remordimiento de conciencia, pero de vidas no cambiadas. Si fuésemos honestos con nosotros mismos, muchos de nosotros tendríamos que admitir que en realidad no tenemos ningún interés en la pureza. Al contrario, nos sentimos satisfechos cumpliendo con los mínimos requisitos, contentos con permanecer al margen en las "áreas indefinidas", coqueteando con las tinieblas, sin atrevernos a dar un paso definitivo hacia la luz de la justicia.

Al igual que innumerables cristianos, mis dos necios compañeros consideraban la pureza y la impureza como separadas por una simple definición. Siempre y cuando no pasen de la raya y "completen el acto", ellos creían que seguían siendo tan puros como antes. La verdadera pureza sin embargo, implica dirección; una determinada y persistente búsqueda por lo que es justo y recto. Esta dirección comienza en el corazón, y la expresamos por medio de un estilo de vida que huye de toda oportunidad que pueda ser comprometedora.

Un pequeño paso a la vez

Si anhelamos vivir vidas puras, no podemos permitir que nos desviemos ni tan siquiera por un solo segundo de la incesante búsqueda por lo que es justo y recto. Una anécdota sacada de la vida del rey David, nos sirve como muestra de lo peligroso que puede resultar tal desvío. Hay pocas historias en la Biblia que me llenan de tanto temor, como la historia de la caída en pecado de David con Betsabé. Si un hombre justo como lo era David puede caer en adulterio y asesinato, ¿entonces quién sobre la tierra está plenamente libre de la tentación?

David era un hombre que andaba en una comunión tan íntima con Dios, como muy pocos la han tenido. Como pastor de ovejas cuando era niño, y ya siendo rey sobre el pueblo de Dios, David escribió los salmos, alabanzas y peticiones que han llenado de ánimo e inspiración a los creyentes hasta el día de hoy. David se deleitaba en su Creador, confiaba en Él, disfrutaba de Él. Dios mismo se refirió a David como "varón conforme a mi corazón" (Hechos 13:22).

¿Cómo es posible que un hombre con tales credenciales descienda a lo más bajo del pecado y la impureza?

Lo hizo paso a paso, uno a la vez.

La caída de David en el pecado no ocurrió de inmediato. Al igual que cada viaje que nos lleva al pecado, el de David comenzó con un casi imperceptible alejamiento de Dios.

Cuando nos damos cuenta de que David se desliza hacia el pecado, lo vemos en el terrado de su palacio, pero ya él había creado el contexto desde el cual él daría el paso en falso. Esto lo hizo por medio de una decisión que tomo previamente. Era la primavera del nuevo año, el tiempo en que salen los reyes a la guerra con sus soldados. Pero este año, David no fue con su ejército al campo de batalla, sino que se quedó en su casa. Esta fue una decisión trivial, y quizá hasta justificable, pero el hecho es que David no estaba en el *lugar donde debía estar,* él no estaba en el frente de batalla, peleando las guerras de su Dios.

¿Esto era un pecado? No abiertamente, pero sí representó un pequeño paso fuera del plan de Dios.

Es posible que hayas escuchado a alguien decir que el ocio es el taller del diablo, y precisamente esto fue lo que significó para David. La energía que debió haber estado gastando en el campo de batalla necesitaba encontrar una salida. Intranquilo, comenzó a pasearse sobre el terrado. Desde allí se percató de una mujer que se estaba bañando. En lugar de cambiar la mirada, satisfizo su deseo y continuó mirando.

Otro paso más.

¿Y por qué continuó mirando a la mujer? Él ya había visto el cuerpo de una mujer antes, ya que se había casado varias veces. Pero codició. El pecado vino a él en forma de un pensamiento —David deseó lo que no le pertenecía. En lugar de rechazar lo vil de sus pensamiento se deleitó permitiendo que continuaran en su mente.

Si eres igual que el resto de los seres humanos, también te has tenido que enfrentar a momentos como este, pensar en los pros y contras de ceder a la tentación y seguramente habrás tenido que tomar una decisión. ¿Te mantendrás o no te mantendrás dentro de los límites claramente establecidos por Dios?

En este momento de la historia de David, él pudo haber detenido el viaje que lo llevaba hacia el pecado. Más bien, sus pasos titubeantes se convirtieron en una carrera. David permitió que la lujuria lo controlara; decidió actuar basado en sus malévolos pensamientos, envió por Betsabé y durmió con ella.

El inocente pastor ahora era un adúltero.

Pronto aumentaron las complicaciones. Betsabé le envió un mensaje al rey informándole que estaba encinta. Su esposo había estado ausente del hogar por largo tiempo —ciertamente él no podía ser el padre del niño—. Y por supuesto, el esposo de Betsabé, y quizá hasta la nación completa, descubrirían lo impropio de su conducta. Precipitadamente y lleno de pánico, David intentó cubrir su pecado, pero sus intentos fracasaron. Temiendo el inevitable escándalo, firmó una carta con la cual selló la muerte del esposo de Betsabé, uno de sus soldados más fieles.

El salmista era ahora un asesino.

¿Cómo es que este hombre conforme al corazón de Dios, se convirtió en adúltero y asesino? ¿En qué momento cruzó la línea de la pureza? ¿Fue en el momento en que tocó por primera vez a Betsabé o fue cuando la besó? ¿Ocurrió en el momento en que la vio bañándose y decidió continuar observándola en lugar de cambiar la mirada? ¿Dónde fue que terminó y dónde comenzó la pureza?

Como puedes ver por la historia de David, la impureza no es algo en lo cual te involucras repentinamente. Ocurre cuando perdemos el enfoque de quién es Dios. A menudo la impureza en nuestras relaciones comienza mucho antes de los momentos de pasión en el asiento trasero de un auto. Más bien comienza en nuestros corazones, en nuestras motivaciones y en nuestras actitudes. Jesús declaró con franqueza: "Pero yo os digo que cualquiera que mira a una mujer para codiciarla, ya adulteró con ella en su corazón" Mateo 5:28. El pecado comienza en nuestras mentes y en nuestros corazones.

Debemos entender que la pureza es la búsqueda constante de lo que es justo y recto. Cuando vemos la pureza simplemente como la raya ¿qué evita el que nos acerquemos lo más que podamos al precipicio? Si la relación sexual es la raya, ¿entonces qué diferencia existe entre tomarle la mano a alguien y tener contacto sexual con esa persona? Si la raya son los besos, ¿qué diferencia hay entre un ligero beso de despedida, y quince minutos de apasionada lucha libre labial?

Si en verdad deseamos buscar la pureza, entonces necesitamos apuntar en la dirección donde está Dios, y seguirlo. No podemos involucrarnos en un viaje exploratorio hacia las fronteras de la impureza, y anhelar la justicia y la rectitud a la misma vez —ambos apuntan en dirección opuesta—. La verdadera pureza huye tan rápido y tan lejos como le es posible del pecado y la conformidad con el mundo.

Corazón y camino

Si nuestro anhelo es vivir vidas puras, debemos reconocer que la pureza no sucede por accidente. Todo lo contrario, constantemente debemos procurar andar en dirección de la pureza. El libro de Proverbios nos muestra que este continuo proceso involucra dos cosas —nuestros corazones y nuestros pies.

En el libro de Proverbios, el espíritu seductor de la impureza y de la vida comprometida está simbolizada por una mujer adúltera y caprichosa. Se nos advierte que "Porque a muchos a hecho caer heridos, aun los más fuertes han sido muertos por ella" Proverbios 7:26. Aunque fue el Rey Salomón el que escribió estas palabras hace cientos de años, esta "mujer" continúa al acecho a nuestro alrededor hoy mismo. Ella enlaza a los inocentes con promesas de placer, pero en realidad lo único que desea es la destrucción de sus víctimas. Ha arruinado vidas —tanto hombres como mujeres— con sus engaños traidores.

A través de la historia ha lisiado a los justos. "Su casa", nos advierte solemnemente la Biblia, "es camino al Seol, que conduce a las cámaras de la muerte." Proverbios 7:27. No importa lo buenas que sean las víctimas de la impureza, o cuán santas hayan sido en el pasado, si ponen un pie en su casa se apresurarán hacia la muerte como en una carretera sin salida. ¿Alguna vez te has equivocado de ruta y no tienes otra alternativa que viajar por varios kilómetros sobre una autopista, antes que puedas encontrar una salida por donde puedas regresar? Si te ha sucedido, probablemente has sufrido la irritante molestia causada por tu error. No puedes ir más despacio, no puedes virar en dirección contraria; lo único que puedes hacer es continuar a alta velocidad mientras te alejas cada vez más de tu destino. ¿Cuántos cristianos que se encuentran en relaciones de noviazgo han sentido lo mismo al luchar con la relación física que cada se vez acelera más? Anhelan encontrar una salida donde bajarse, pero sus propias pasiones pecaminosas los alejan cada vez más de la voluntad de Dios.

¿Cómo evitar vernos atrapados en la autopista de la impureza? ¿Cómo escapar del espíritu de adulterio? He aquí la respuesta: "No se aparte tu corazón a sus caminos; o yerres en sus veredas" Proverbios 7:25. Para vivir la vida pura delante de Dios se requiere de un trabajo en equipo entre tu corazón y tus pies. El camino de la pureza comienza dentro de ti; y debes ser de apoyo a este camino por medio de las decisiones prácticas cotidianas respecto a dónde, cuándo y con quién escoges estar. Muchas parejas se han comprometido mutuamente a mantener su pureza sexual, pero en vez de adoptar un estilo de vida que apoye su compromiso, continúan involucrados en una relación que alienta las expresiones físicas y se exponen a situaciones peligrosas. La senda sobre la cual te encaminas con tus pies nunca debe contradecir las convicciones de tu corazón.

Pureza en acción

Si anhelamos la pureza, debemos batallar por conseguirla. Esto significa que debemos ajustar nuestras actitudes y hacer cambios en nuestros estilos de vida. Los siguientes consejos nos ayudarán a mantenernos en el camino de la pureza con nuestros pies y nuestro corazón.

1. *Debes respetar el profundo significado de la intimidad física*
Nunca podremos comprender la demanda de parte de Dios respecto a la pureza sexual, hasta que no reconozcamos la profundidad de las implicaciones físicas y emocionales relacionadas con la intimidad física.

Muchos no-creyentes ven la relación sexual como una función del cuerpo humano, de igual significado que rascarle la espalda a una persona. Estos se involucran en el acto sexual cuando lo desean y con cualquiera. Mientras que este estilo de vida es una afrenta a los valores bíblicos, son muchos los cristianos que muestran la misma falta de respeto por expresiones de menor intimidad física. Estos creyentes consideran como nada, los besos y las caricias provocativas. Me temo que aunque es cierto que generalmente los creyentes poseemos un código moral más elevado que el de nuestros vecinos inconversos, nosotros al igual que ellos hemos perdido de vista la profundidad del significado de la intimidad sexual.

Una buena amiga me dijo en cierta ocasión que "los hombres suelen considerar el aspecto físico como una simple experiencia".

—La perspectiva desde el punto de vista de las chicas es bastante diferente —me dijo ella—. Besarse y 'acariciarse prolongadamente' posee un significado muy precioso y profundo para la mujer —continuó diciéndome—. Es la manera en que le entregamos nuestra confianza, nuestro amor y nuestro corazón al hombre que amamos. Son expresiones que nos hacen muy vulnerables.

La intimidad física es mucho más que el choque de dos cuerpos. Dios diseñó nuestra sexualidad como la expresión física de la unidad matrimonial. Él la protege con cuidado y ha colocado muchas condiciones sobre la misma, precisamente porque la considera extremadamente valiosa. Un hombre y una mujer quienes comprometen sus vidas al contraer matrimonio, adquieren el derecho de expresarse sexualmente el uno con el otro. El esposo y la esposa pueden disfrutar de sus cuerpos porque en esencia, se pertenecen mutuamente. Pero si no estás casado, no tienes ningún derecho sobre el cuerpo de esa persona y tampoco tienes ningún derecho a la intimidad sexual.

Quizás estés de acuerdo con esto y planeas guardar la intimidad sexual para el matrimonio. Pero en tu opinión, consideras que las "actividades físicas" tales como los besos, las caricias prolongadas acompañadas del manoseo sensual no son la gran cosa. Pero es necesario que consideremos seriamente algunas preguntas. Si el cuerpo de otra persona no nos pertenece (o sea que no estamos casados), entonces, ¿qué derecho tenemos de tratar a aquellos con quienes nos relacionamos de manera diferente a como lo haría una persona casada con alguien que no es su cónyuge?

—Pero —me dirías—, eso es algo completamente diferente.

¿Crees que lo es? Nuestra cultura nos ha programado a pensar que la soltería nos permite una licencia para jugar neciamente con otras personas, para probar de ellos emocional y físicamente. Ya que no estamos casados con nadie en particular, podemos entonces hacer lo que queramos con cualquiera.

Pero la perspectiva de Dios es completamente diferente. Él nos ordena lo siguiente: "Honra el matrimonio, y protege lo sagrado de la intimidad sexual entre esposo y esposa" (Hebreos 13:4 traducción del traductor).

Esta honra de lo sagrado de la sexualidad entre esposo y esposa comienza *ahora*, y no después de la boda. El respeto por la institución del matrimonio debe motivarnos a protegerlo de toda violación, y debe comenzar cuando somos solteros. Esto lo podremos lograr al reconocer el profundo significado de la intimidad sexual —a cualquier nivel— y rehusar robar para nuestro deleite estos privilegios antes del matrimonio.

2. Establece un código de comportamiento que sea muy alto

A principio de su ministerio, Billy Graham experimentó una profunda preocupación por la desconfianza que el público tenía de los evangelistas. ¿Cómo predicarle la Palabra a gente que creía que él era un farsante? Al meditar sobre esta pregunta, se dio cuenta de que la mayoría de las personas que desconfiaba de los evangelistas lo hacían por el simple hecho de que estos hombres carecían de integridad, particularmente en el área de la sexualidad. Para combatir esto, él y el círculo de hombres que lo rodeaban y administraban las cruzadas, evitaron todas las ocasiones que implicaban estar a solas con mujeres que no eran sus esposas. Consideren esto por un momento. ¡Qué gran inconveniente! ¿Estos hombres realmente temían caer en adulterio al encontrarse a solas con una mujer? ¿No estaban yendo demasiado lejos con este asunto?

Pues permitamos que sea la historia la que nos provea la respuesta. En los últimos cincuenta años, ¿qué otra cosa ha estremecido y desmoralizado tanto a la iglesia como lo ha hecho la inmoralidad de los líderes cristianos? ¿Qué creyente puede mantener la cabeza en alto al mencionarse la conducta inmoral de muchos teleevangelistas? Sin embargo, aun los inconversos honran el nombre de Billy Graham. El señor Graham se ha ganado el respeto del mundo entero, por su fidelidad y su integridad. ¿Cómo alcanzó Billy Graham este logro cuando tantos otros han fracasado? Él estableció su código de comportamiento demasiado alto —él fue más allá de lo requerido por lo que es justo y propio.

Sólo podremos alcanzar la justicia y la rectitud haciendo dos cosas: destruyendo el pecado en su estado embrionario, y huyendo de la tentación. El señor Graham hizo ambas cosas. El cortó de raíz todo lo que le causaba ocasión de pecar, y entonces huyó aun de la más mínima posibilidad de comprometer su testimonio.

Dios también nos llama a nosotros a tener el mismo celo por la justicia y la rectitud en las relaciones premaritales. ¿Cómo sería exactamente una relación así? Para mí y para muchos otros que conozco, esto ha significado un rechazo de lo que es tener habitualmente citas y noviazgos a corto plazo. Personalmente salgo a disfrutar en grupo junto con mis amigos; evito las citas de pareja porque alientan la intimidad física, y me colocan en un ambiente aislado con una chica. ¿Es posible que no pueda soportarlo y lidiar con el asunto responsablemente? ¿Puede ser que no tengo dominio propio? Sí, es posible que pueda lidiar con la relación, pero resulta que ese no es el asunto. Dios dice: "Huye también de las pasiones juveniles, y sigue la justicia, la fe, el amor y la paz, con los que de corazón limpio invocan al Señor" 2 Timoteo 2:22. No voy a quedarme para averiguar cuánta tentación puedo tolerar. Dios no se siente impresionado con mi habilidad de enfrentarme al pecado. Él se impresiona por la obediencia que demuestro al huir de la tentación.

El mismo principio se aplica con aquella pareja que está en el camino hacia el compromiso matrimonial, o con aquellos que ya están comprometidos. Establezcan su código de comportamiento más alto de lo necesario. Corten el pecado de raíz. Hasta que llegue el día de la boda —y quiero decir con esto hasta que desfilen por la iglesia e intercambien votos— eviten actuar como si el cuerpo del otro les pertenece.

Quizás estés pensando que estoy llevando esta idea a un extremo demasiado legalista. Y Estés diciendo "todo esto es un chiste; un pequeño beso no va a ser la causa de que me desboque hacia el pecado". Te pido que medites un poco más sobre este punto, y considera por un momento la posibilidad de que aun la más inocente de las expresiones sexuales fuera del matrimonio puede resultar peligrosa.

Permíteme explicar por qué creo de esta manera. La interacción física nos alienta a comenzar algo que no se supone terminemos, despertando deseos que no se nos permiten consumar y encendiendo pasiones que entonces debemos apagar. ¡Qué necedad! La Biblia nos dice que el camino del pecado, particularmente el relacionado con el mal uso de nuestra sexualidad, es como una autopista que nos lleva directo a la tumba. No debemos subirnos a la autopista para luego detenernos antes de llegar a nuestro destino —Dios nos dice que debemos alejarnos por completo de dicha autopista.

Dios diseñó nuestra sexualidad para que funcione dentro de la protección y el compromiso del matrimonio. Dios creó el sexo para que halle su destino en la plena consumación. Cada paso en el camino de la pureza sexual, desde la primera mirada entre esposo y esposa hasta el beso nos dirige potencialmente hacia la unidad física. En el matrimonio, las cosas deben progresar, está permitido "que las cosa se nos vayan de control".

Ciertamente creo que no podemos evitar abusar del regalo de Dios del sexo antes del matrimonio, a menos que escojamos mantenernos totalmente fuera del camino. En Colosenses 3:5 leemos lo siguiente: "Haced morir, pues, lo terrenal en vosotros: fornicación, impurezas, pasiones desordenadas, malos deseos..." El pecado que se tolera es pecado al cual le pasamos la mano —el mismo crece y se fortalece. Santiago nos dice que: "cada uno es tentado, cuando de su propia concupiscencia es atraído y seducido. Entonces la concupiscencia, después que ha concebido, da a luz el pecado; y el pecado, siendo consumado, da a luz la muerte" (Santiago 1:14-15). Si permitimos que el pecado comience y continúe, el mismo crecerá más allá de nuestro control. Sólo manteniendo nuestro código de conducta y comportamiento demasiado alto, y matando el pecado en su etapa infantil, es que podremos evitar la destrucción.

Establece tu código de comportamiento MUY alto, y la pureza nunca te dará pesar.

3. *Que la pureza de otros sea tu prioridad*
Una de las mejores maneras de mantener una vida pura es vigilando por la pureza de los demás. ¿Qué puedes hacer para proteger de impureza a tus hermanos y hermanas en Cristo? ¿Qué puedes decirles para alentarlos a que mantengan sus corazones firmes en el camino de la justicia?

El apoyo y la protección que les puedas brindar a tus compañeros del mismo sexo es importante, pero la protección que les puedas brindar a los amigos del sexo opuesto es inapreciable. En cuanto a la pureza en las relaciones —tanto física como emocional— las muchachas y los muchachos por lo general son piedra de tropiezo el uno para el otro. ¿Podrás imaginar la rectitud y la justicia que puede haber si ambos sexos asumen la responsabilidad de cuidar el uno al otro?

Examinemos algunas maneras específicas para lograr este cometido.

La responsabilidad del varón

Muchachos, ya es tiempo de que defendamos el honor y la justicia de nuestras hermanas. Es necesario que dejemos de actuar como "cazadores" tratando de atrapar una chica, y que comencemos a vernos como guerreros dispuestos a protegerlas.

¿Cómo llevar esto a cabo? En primer lugar debemos entender que las chicas no batallan con las mismas tentaciones con las que batallamos nosotros. Los jóvenes luchamos más con nuestro impulso sexual, mientras que ellas luchan con sus emociones. Podemos ayudar a proteger sus corazones al ser sinceros y honestos al comunicarnos con ellas. Debemos echar a un lado todo tipo de coquetería, y rehusar hacer uso de cualquier jueguito con el propósito de lograr de ellas lo que queremos. Es nuestro deber poner empeño en no decir o hacer nada que aliente deseos o expectativas impropias.

Un buen amigo mío, Matt Canlis, puso en acción esta idea de proteger la pureza de una chica con Julie Clifton, la mujer que es ahora su esposa. Mucho antes de pensar en casarse, ambos se sintieron profundamente atraídos el uno por el otro. Pero durante cierta temporada de su relación, Dios le mostró a Julie claramente que ella debía concentrarse primordialmente en Él, y no ser distraída por Matt.

Aunque Matt no tenía conocimiento en aquel entonces de la decisión que ella había tomado, resolvió como prioridad durante este tiempo de espera, proteger los sentimientos de Julie a pesar de que personalmente se sentía muy atraído por ella. Controló sus deseos de coquetear con ella, pasó por alto las oportunidades de estar a solas, y cuando estaban en un grupo, decidió abstenerse de dedicarle demasiada atención. El evitó hacer aquellas cosas que servirían como impedimento para que Julie se concentrara en servir a Dios.

Ésta temporada no duró para siempre, y finalmente Matt y Julie se comprometieron. Tuve la oportunidad de almorzar con ambos unas semanas antes de su boda. Julie mencionó lo agradecida que estaba por la madurez que demostró Matt al colocar sus necesidades por encima de las de él. Al decidir que la prioridad era la pureza emocional y espiritual de Julie, él pudo ser de gran ayuda para que Julie concentrara toda su mente y corazón en servir a Dios. Si Matt hubiese actuado egoístamente, le hubiera causado grandes distracciones y arruinado aquello que Dios quería lograr en su vida y a través de ella.

¡Qué gran ejemplo de amor filial! Me dan ganas de llorar al pensar en todas las veces que yo he descuidado mi responsabilidad de proteger el corazón de alguna chica. En vez de asumir el papel de guerrero, me comporté como un ladrón al robar su enfoque de Dios para mí mismo. Estoy comprometido a hacerlo mejor, deseo ser el tipo de amigo a quien los futuros esposos de algunas chicas se puedan acercar y decir "Gracias por proteger el corazón y las emociones de mi esposa. Gracias por proteger su pureza".

La responsabilidad de la mujer

Muchachas, el papel que ustedes deben desempeñar es de igual importancia. ¿Recuerdan la mujer caprichosa y adúltera de la cual hablamos? La función de ustedes es la de proteger a sus hermanos de no ser arrastrados por sus encantos. Por favor, estén atentas de cómo tan fácilmente tus acciones y miradas pueden despertar la lujuria en la mente de un chico.

Quizá no estén conscientes de ello, pero los varones por lo general luchamos con los ojos. Creo que hay muchas chicas que inocentemente no están al tanto de lo difícil que es para un varón mantenerse puro cuando mira a una chica que no está vestida recatadamente. Yo no pretendo decirte cómo debes vestir, pero hablando con honestidad, yo sería muy bendecido si las muchachas tuviesen mayor consideración al comprar la ropa que visten. Sí, los chicos son responsables de mantener el dominio propio, pero ustedes nos pueden ayudar rehusando vestir la ropa que está diseñada para atraer la atención hacia sus cuerpos.

Soy consciente de que el mundo nos dice que si tienes un buen cuerpo es para enseñarlo y nosotros los hombres nos hemos encargado de alimentar este tipo de mentalidad. Pero yo pienso que puedes ser usada para darle marcha atrás a esta moda. Conozco muchas chicas que se verían maravillosas vistiendo faldas más cortas y blusas más pegadas, y lo saben. Pero sin embargo, ellas han decidido vestir recatadamente y también asumieron la responsabilidad de proteger los ojos de sus hermanos. A éstas, y a otras mujeres como ellas, estaré eternamente agradecido.

"Y considerémonos unos a otros para estimularnos al amor y a la buenas obras" Hebreos 10:24. Ya es tiempo de que comencemos a considerar como responsabilidad nuestra la pureza de nuestros hermanos.

La belleza de la pureza

Al terminar esta sección, permíteme hacerte la siguiente pregunta: ¿Puedes vislumbrarla? ¿Puedes ver la belleza de la pureza? Y si la puedes ver, ¿estás dispuesto a luchar por ella en tu propia vida y en la vida de tus hermanos?

Sí, es cierto que requiere sacrificio. La pureza no la conseguimos por accidente; la misma requiere obediencia a Dios. Pero esta obediencia no es una carga o un yugo, sólo tenemos que considerar las alternativas que nos ofrece la impureza, para poder apreciar la belleza de andar en la voluntad de Dios. La impureza es una inexorable capa que empaña el alma; es una sombra que se interpone a la luz y oscurece el semblante. El amor de Dios no deja de ser por la impureza, pero sí nuestra habilidad de disfrutar de ese amor; esto es porque nuestro estado de impureza no armoniza con Él. El pecado y su corrupción nunca podrán ser hallados cerca de Su trono —y sólo podrán ganar terreno sobre nuestras vidas cuando nos apartamos de Su resplandor.

Al estar alejados de la presencia de Dios, estamos completamente desprotegidos contra la indeseable destrucción del pecado. Sin la pureza, el regalo de Dios de la sexualidad se convierte en un peligroso juego. Una relación que carece de pureza pronto es reducida a nada más que dos cuerpos que se codician y demandan placer. Sin la pureza, la mente se convierte en esclava de lo depravado, siendo sacudida de un lado a otro por cada anhelo y deseo pecaminoso.

¿Qué va a demandar de nosotros para que podamos ver la belleza de la pureza? La pureza es la entrada al resplandor de la creación de Dios. "¿Quién subirá al monte de Jehová? ¿Y quién estará en su santo lugar? El limpio de manos y puro de corazón..." Salmos 24:3-4. La pureza nos hace pasar a la misma presencia de Dios. Jesus dijo: "Bienaventurados los de limpio corazón, porque ellos verán a Dios" Mateo 5:8. Sólo los puros verán su rostro. Sólo los puros pueden ser vasos de su Espíritu Santo.

¿Ves tu la belleza y el poder y la protección de la pureza? ¿Lo anhelas? ¿Realmente anhelas esto hasta la muerte? ¿Estás dispuesto a negarte a los placeres del momento con tal de vivir una vida pura, enfocada en Dios? Que tu amor por Él sea el móvil para toda una vida de apasionada búsqueda por la justicia y la rectitud.

Capítulo Siete

Un pasado limpio

JESÚS PUEDE REDIMIR TU PASADO

Por lo general no comparto mis sueños con la gente, pero me gustaría relatarles uno muy emocionante que tuve en cierta ocasión.

Como cristianos, "conocemos" ciertas cosas tal como "Jesús me ama" y "Cristo murió por los pecadores". En innumerables ocasiones hemos escuchado declaraciones como estas, pero el hecho de que son tan conocidas pueden fácilmente disminuir lo glorioso de estas verdades tan simples. Es necesario que las volvamos a examinar con mayor detenimiento para poder apreciar de nuevo su poder transformador.

Un sueño que tuve una húmeda noche mientras visitaba a un amigo pastor en Puerto Rico, hizo que volviera apreciar estas verdades. Este sueño resumió lo que Cristo hizo por ti y por mí.

Lo deseo compartir con ustedes, porque después de un capítulo sobre la importancia de esforzarnos por conseguir la pureza, es necesario recordar la gracia de Dios. Para algunos, entre los cuales me incluyo, participar en una discusión sobre el tema de la pureza no es nada más que un ejercicio doloroso —nos recuerda nuestra propia impureza y las veces que hemos fracasado.

Quizás tú eres de los que fracasó en el área de la pureza, o tal vez al reflexionar sobre el pasado, eres de los que hacen gestos de remordimiento. Para ti la pureza parece ser una causa perdida. Este sueño titulado "La Habitación", está dedicado a ti.

En ese estado entre los sueños y el estar despierto, me hallé en medio de la habitación. No había nada en particular sobre esta habitación excepto una pared que estaba completamente cubierta por archivos con pequeñas tarjetas. Eran como las tarjetas que usan en la biblioteca donde aparecen escritos los títulos por el nombre del autor o por el tema del libro en orden alfabético. Pero estos archivos, que llenaban la pared desde el piso hasta el techo, y aparentemente se extendían sin fin hacia los lados, estaban clasificados con diferentes encabezamientos. Al acercarme a esta pared, el primer archivo que me llamó la atención fue uno que decía: "Chicas que me han gustado". Lo abrí y comencé a leer las tarjetas. Rápidamente lo cerré, al reconocer con asombro que todos los nombres escritos me eran conocidos.

Fue ahí cuando supe exactamente dónde me encontraba. Esta habitación sin vida, y llena de pequeños archivos era un ordinario fichero que representaba toda mi vida. Aquí estaban escritas todas las acciones de cada momento de mi vida, grandes y pequeñas, donde se mencionaban los más insignificantes detalles que ni yo mismo podía corroborar.

Un sentimiento de asombro y curiosidad, mezclado con horror, se agitó dentro de mí, cuando al azar comencé a abrir los archivos y explorar su contenido. Algunos me llenaron de gozo y dulces recuerdos, mientras que otros me produjeron vergüenza y pena, pero fue tan intenso que en ocasiones miraba sobre mi hombro para ver si alguien me estaba observando. Otro archivo con el encabezamiento "Amigos" estaba al lado de uno titulado "Amigos que he traicionado".

Los rótulos eran muy variados: desde lo común y corriente, hasta lo extraño; "Libros que he leído", "Mentiras que he dicho", "Consuelo que he dado", "Chistes de los cuales me he reído". Algunos eran comiquísimos por su exactitud: "Cosas que le he gritado a mis hermanos". Había también otros de los cuales no me podía reír: "Cosas que he hecho en ira", "Cosas que le he dicho a mis padres entre dientes". El contenido de las tarjetas no dejaba de asombrarme. A menudo había más tarjetas de las que yo esperaba, y en otras ocasiones que pensaba encontrar muchas, había menos.

Me sentía abrumado por el abundante volumen de vida que había experimentado. ¿Sería posible que en sólo veinte años tuviera tiempo de escribir cada una de estas tarjetas, posiblemente miles, y hasta millones? Lo cierto es que cada una de ellas confirmaba este hecho; estaban escritas de mi puño y letra. Cada una llevaba mi propia firma.

Cuando saqué el archivo titulado "Canciones que he escuchado", me percaté de que los archivos crecían de acuerdo a su contenido. Las tarjetas estaban archivadas muy apretadas las unas con las otras, y sin embargo, después de dos o tres metros aún no encontraba su fin. Lo cerré avergonzado, no tanto por la calidad de la música sino por la gran cantidad de tiempo que representaba este archivo.

Al llegar al fichero marcado "Pensamientos lascivos", sentí un escalofrío que me corrió por todo el cuerpo. Tiré afuera del archivo sólo unos centímetros, no queriendo comprobar su tamaño, y saqué una tarjeta. Me estremecí por su contenido tan detallado. Me sentí enfermo al pensar que ese momento había sido registrado.

De pronto sentí que me inundaba una furia casi animal. Un solo pensamiento dominaba mi mente: "¡Nadie debe ver estas tarjetas! ¡Nadie debe conocer que existe esta habitación! ¡Debo destruir los archivos!" Frenéticamente comencé a tirar de los archivos. No me importaba su tamaño; tenía que vaciarlos todos y quemar las tarjetas. Pero cuando los pude sacar y comencé a golpearlos contra el piso, no pude desprender ni una sola tarjeta. Con gran desesperación saqué una de ellas, sólo para darme cuenta de que no podía romperlas porque eran tan duras como el hierro.

Vencido e impotente, regresé el archivo a su lugar, apoyé mi frente contra la pared, y dejé escapar un profundo sollozo de autocompasión. Y entonces pude verlo. El encabezamiento decía: "Personas con las que he compartido el evangelio". El tirador del archivo era más brillante que el de los demás a su alrededor, parecía nuevo y sin usar. Tiré del mismo, y en mis manos cayó una pequeña caja de no más de 7 u 8 centímetros de largo. Pude contar las tarjetas que contenía en una sola mano.

Y entonces aparecieron las lágrimas. Comencé a llorar. Los gemidos eran tan profundos que me causaban dolor; comenzando por el estómago y haciendo que todo mi cuerpo se estremeciera. Caí sobre mis rodillas y lloré. Lloré de vergüenza. No podía tolerar la vergüenza que sentía. Mirando entre lágrimas, lo que contenían los archivos, parecía arremolinarse como un torbellino a mi alrededor. Nadie debe saber que existe esta habitación, nadie. Debo cerrarla herméticamente y esconder la llave.

Pero entonces, al secar mis lágrimas, lo pude ver. No, por favor, que no sea Él. Aquí no; cualquier persona menos Jesús.

Sin poder hacer nada lo observé mientras comenzó a abrir los archivos y leía las tarjetas. No podía tolerar ver su reacción. Y en los pocos momentos en que me atrevía a mirar Su rostro, pude apreciar una pena más profunda que la mía. Parecía como que por intuición se dirigía siempre a los peores archivos. ¿Pero por qué los tiene que leer todos?

Finalmente regresó, y me miró desde el otro lado de la habitación. Me miró con compasión en Sus ojos. Pero era una compasión que no me causó ira. Bajé la cabeza, cubrí mi rostro con mis manos y comencé a llorar. Él se acercó y puso su brazo alrededor de mí, pudo haber dicho muchas cosas, sin embargo no dijo ni una sola palabra. Sólo lloró conmigo.

Entonces se puso de pie y se dirigió hacia la pared llena archivos. Comenzando por un lado de la habitación, sacó uno de los archivos y, uno por uno, comenzó a poner en cada una de las tarjetas Su nombre encima del mío.

"¡No!", le grité, mientras me apresuraba hacia Él. Lo único que se me ocurrió decir era "¡No, no!", mientras tomaba la tarjeta que tenía en Sus manos. Su nombre no debía estar en esas tarjetas. Pero allí estaba, escrito en un exquisito, oscuro y tan vivo color rojo. El nombre de Jesús cubría el mío y estaba escrito con sangre.

Gentilmente tomó la tarjeta de nuevo, sonrió tristemente y continuó firmando tarjetas. No creo poder entender cómo fue que lo hizo tan rápido, pero al momento lo escuché cerrar el último archivo y regresó de nuevo a mi lado. Colocó Su mano sobre mi hombro y me dijo: "Consumado es".

Me puse de pie, y Él me acompañó fuera de la habitación. En la puerta no había una cerradura, sin embargo había tarjetas para escribir.

Para los pecadores como tú y como yo, hay buenas noticias: Jesús pagó nuestra deuda. Él ha cubierto nuestro pecado con su sangre; Él se ha olvidado del pasado. La pureza comienza hoy.

"Desechemos, pues, las obras de las tinieblas, y vistámonos las armas de la luz" Romanos 13:12. Hay que admitir que algunos tendrán que desechar más cosas que otros —más recuerdos, más dolor, más penas—. Pero el pasado no es lo que determina nuestro futuro. Hay decisiones que podemos tomar hoy sobre cómo hemos de vivir en el futuro. ¿Estaremos dispuestos a confirmar nuestros corazones delante de Dios y andar en sus caminos? El pasaje en Romanos continúa diciendo: "Andemos como de día, honestamente; no en glotonerías y borracheras, no en lujurias y lascivias, no en contiendas y envidias, sino vestíos del Señor Jesucristo, y no proveáis para los deseos de la carne" Romanos 13:13-14.

Ninguno de nosotros puede pararse ante Dios completamente puro. Todos somos pecadores. Pero no importa lo sucio que sean nuestros trapos de inmundicia, en un solo instante de verdadera entrega, el corazón que se vuelve hacia Dios pierde toda impureza. Dios nos viste con la justicia de Cristo y ya no ve más nuestro pecado. El transfiere la pureza de Jesús a nosotros y por lo tanto, debes verte a ti mismo como Dios te ve —justificado, vestido de blanco resplandeciente y puro.

Quizá hay un recuerdo en particular que te asedia constantemente, un recuerdo que te hacer sentir indigno del amor y el perdón de Dios. No permitas que el pasado te destruya. Olvídalo. No contemples más ese pensamiento u otros similares. Si te has arrepentido de cada uno de esos comportamientos, Dios ha prometido que jamás se acordará de ellos. Sigue adelante. Ante ti se encuentra toda una vida de pureza.

PARTE TRES

Construyendo un nuevo
estilo de vida

Capítulo Ocho

Comenzar de nuevo

CUATRO PASOS IMPORTANTES PARA LLEGAR AL PLAN DE DIOS.

Construir bien a veces implica tener que derribar primero la antigua construcción.

Recientemente mi padre y mi hermano menor Joel, asistieron al cumpleaños de Stephen Taylor, uno de los mejores amigos de Joel. Fue una celebración muy especial. Stephen cumplía trece años, y su padre quiso hacer de su entrada al mundo de los adultos algo memorable. Los bonitos regalos no serían suficiente; el padre de Stephen deseaba impartirle a su hijo sabiduría. Por lo tanto, le pidió a los padres que acompañaran a sus hijos a la fiesta y que cada uno trajera un regalo especial —una herramienta que les haya sido de utilidad en su área de trabajo.

Cada padre le obsequió a Stephen su herramienta, acompañada de una lección que él guardaría en su "caja de herramientas" para usarla el resto de su vida. Las herramientas eran tan únicas como lo eran los hombres que las obsequiaron. Mi padre le obsequió a Stephen un caro bolígrafo, y le explicó que le serviría no sólo para escribir sus ideas, sino que representaría el valor de su palabra al firmar un contrato.

Durante la ceremonia de obsequios de herramientas, uno de los padres que era un constructor profesional, le entregó a Stephen una pequeña caja.

117

—Dentro de la caja está la herramienta que más uso en mi trabajo —dijo él. Stephen abrió la caja y encontró un sacador de clavos—. Este sacaclavos, tan simple como aparenta ser —explicó el padre— es una de las herramientas más importantes que poseo.

Este hombre relató la historia de cómo en cierta ocasión, mientras construía una pared; observó que estaba torcida. En lugar de detener la construcción y derribar un poco de trabajo con tal de arreglar la pared, el hombre decidió continuar con la esperanza de que la situación se iría corrigiendo a medida que progresaba la construcción. Sin embargo, el problema sólo empeoró. Finalmente, a expensas de gran pérdida de dinero y tiempo, tuvo que derrumbar la pared que ya estaba casi terminada para volver a construirla.

—Stephen —dijo el padre seriamente—, en la vida vendrán momentos en que te darás cuenta de que has cometido un error. En ese instante te enfrentarás a dos decisiones: O te tragas el orgullo y 'sacas algunos clavos', o puedes continuar tu camino neciamente, con la esperanza de que el problema se esfume. La mayoría de las veces el problema sólo empeorará. Te entrego esta herramienta para que te acuerdes de este principio: "Cuando te des cuenta de que has cometido un error, lo mejor que puedes hacer es derrumbarlo y comenzar de nuevo".

Construyendo un estilo de vida piadoso

La lección del sacaclavos es de mucha importancia para aquellos de nosotros que hemos edificado nuestras relaciones sobre la base de los patrones y de las actitudes erradas del noviazgo. Para muchos de nosotros, hacer las cosas correctamente va a requerir que primero derribemos lo que está mal. En algunos casos, eso significa terminar con las malas relaciones.

Cualesquiera que sean tus circunstancias particulares, los siguientes pasos son de vital importancia para que comiences y mantengas un estilo de vida piadoso en cuanto a las relaciones se refiere.

1. *Comienza de nuevo y en limpio.*
Si deseamos desarrollar un estilo de vida piadoso, lo primero que debemos hacer es arrepentirnos de actitudes y comportamientos pecaminosos en nuestras relaciones. La Biblia usa la palabra *arrepentimiento* para describir la acción de apartarse de lo que está mal e ir en pos de lo que sabemos es correcto. El arrepentimiento es un cambio de dirección que tiene su fundamento en un cambio de corazón.

¿Alguna vez has sido egoísta en tus relaciones? Si es así, entonces debes considerar admitir tu egoísmo y proceder a corregirlo. ¿Has demostrado ser liberal y descuidado en el área de la pureza? Entonces, quizá debes pedirle a Dios que te perdone, y busca las maneras de darle retroceso a tu comportamiento. ¿Estás involucrado en una relación la cual sabes que no está bien? Si es así, pídele a Dios que te dé la valentía para hacer Su voluntad, lo cual puede significar que tengas que terminar con dicha relación.

El rompimiento es cosa difícil

Danny, un joven de dieciocho años de edad, estaba consciente de que podía arreglar los problemas en su relación con Tania haciendo una sola cosa: darle fin a la relación. Hacía más de siete meses que eran novios, y durante este período de tiempo su relación física había ido en aumento. No fue su intención hacerlo, pero no importa cuántas veces establecían nuevas reglas sobre en qué momento debían parar, siempre se pasaban de los límites establecidos. Ninguno de los dos estaba preparado para el matrimonio, y en lo más profundo de su corazón, Danny no creía que él y Tania eran verdaderamente el uno para el otro. Continuar la relación con Tania representaría un engaño.

¿Creen ustedes que algunos de estos aspectos mencionados hacía del rompimiento un paso fácil? No. La realidad es que este aspecto de una relación siempre será difícil. Pero debes recordar, que continuar de todas maneras con una mala relación, va a servir para aumentar el dolor cuando por fin todo termine. Debes tener el valor de obedecer ahora. Obedecer hoy te va a evitar mucha pena y dolor mañana.

Al terminar con una relación, es necesario que entiendas un par de cosas muy importantes. En primer lugar, que la decisión sea realmente el final. No dejes cabos sueltos o hagas la más mínima mención de una posible y futura restauración. Probablemente también deben ponerse de acuerdo para evitar, por un tiempo, encontrarse después del rompimiento. En el caso de Danny, él se vio tentado a llamar a Tania después de haber terminado con ella, "sólo para dialogar", o para pedirle que salieran juntos una vez más "por amor al pasado". Pero hacer tal cosa tendría como consecuencia avivar antiguos sentimientos, y abrir viejas heridas. Aunque no fue fácil, él sabía que ambos tenían que terminar la relación definitivamente.

Ajustando el enfoque dentro de la relación

Cierto día, Silvia comenzó a darse cuenta de que la relación con uno de sus amigos varones de la iglesia estaba tomando un rumbo cada vez más serio. Ellos no eran novios, pero siempre terminaban compartiendo en los mismos grupos, y hablaban a menudo por teléfono. Al darse cuenta de esta situación, Silvia decidió sentarse con su amigo y expresarle su preocupación: "Realmente deseo ser tu amiga, pero creo que nos estamos enfocando demasiado el uno en el otro". A pesar de que no se le hizo fácil atreverse a expresar estas palabras, esa pequeña conversación los ayudó a mantener la relación en el camino correcto.

Comenzar de nuevo y en limpio, no siempre involucra un rompimiento. A veces simplemente significa hacer un nuevo enfoque de la relación con el fin de evitar que se desvíe por el camino errado.

Sé humilde

Cuando Jonatán terminó su relación con Kara, él no trató de
señalar cómo ella también compartía parte de la culpa por los
problemas que surgieron en su relación.

—Eso no sería pedir perdón —dijo él. Más bien fue él
quien le pidió perdón a ella por haberle puesto presión respecto al aspecto físico dentro de la relación—. Le dije que yo había
sido un mal ejemplo de lo que debe ser un cristiano, y que yo
entendía que terminar con la relación era lo que Dios quería.

Sea que tienes que terminar con una relación, o tienes que
tomar pasos para enfocarla de nuevo, debes acercarte a la otra
persona con humildad, haciendo énfasis en tu deseo de complacer a Dios. Si le has hecho daño, debes confesar tu culpa y
pedir perdón. No trates de dar una explicación racional a tu
decisión o poner excusas. Sólo pide perdón.

2. Permite que tus padres sean parte de tu equipo.
Para poder vivir con una nueva actitud hacia las relaciones
vas a necesitar dos cosas: sabiduría y alguien a quien le puedas
responder por tus actos. Idealmente, ambas cosas deberían
proceder de tus padres. Necesitas de tu mamá y de tu papá.
(Reconozco que no todas las personas tienen la oportunidad
de beneficiarse de una relación donde existen ambos padres,
pero aun así, creo que puedes adquirir valioso discernimiento
por parte del padre o el tutor en quien más confías.)

¿Por qué dices que debemos adquirir de nuestros padres
sabiduría y la oportunidad de dar cuentas por nuestros actos?
Simplemente porque puedo ver cómo cometí tantos errores
en mi propia vida sólo por no haber confiado en mis padres.
Durante mis años en la escuela superior escondí de mis padres
todas mis relaciones. Si me gustaba una chica, no se lo decía.
Mi temor era que si ellos se enteraban lo dañarían todo. ¡Qué
gran error! Al esconder mi vida romántica de mis padres, lo
que estaba haciendo era distanciarme del recurso de sabiduría
que Dios me había provisto, el cuál me pudo haber librado de
cometer muchísimos errores.

He pasado los últimos años aprendiendo a ser abierto y honesto con mis padres respecto a mis intereses románticos y al hacerlo, descubrí algo increíble: ¡Mi madre y mi padre están a mi lado! ¡Qué alivio ha sido para mí poder decirles las cosas por las que estoy pasando! Nuestras conversaciones no tienen que estar marcadas por la vergüenza o la confrontación, simplemente voy a mis padres y les digo: "He estado pensando en tal y cual persona. ¿Qué opinión tienen ustedes de ella?" O, "Esta chica me está causando gran distracción, ¿podrían orar por mí?

Al compartir con mis padres mis pensamientos y sentimientos abiertamente, me pueden hacer recordar los compromisos que he hecho (¡una chica hermosa puede lograr que me olvide con facilidad de ellos!). También pueden orar por mí y darme buenos consejos. Pero no podrán hacer estas cosas a mi favor a menos que yo escoja involucrarlos activamente y procurar su sabiduría. Al hacerlo de esta manera he recibido maravillosos consejos, y creo que tú también lo puedes lograr. Te desafío a que conviertas a tus padres en parte de tu equipo.

Cuando mamá y papá no están cerca

Como mencioné anteriormente, entiendo que hay algunas personas que no gozan de la opción de poder involucrar a sus padres de la forma que antes hablamos. Quizá tus padres estén divorciados, no son creyentes, o simplemente no les interesa involucrarse en tu vida. Tal vez vives lejos de tu hogar.

Si te encuentras en una de estas circunstancias, debes comprender que Dios puede proveerte todo el apoyo que necesitas. Él hace esto por medio de su Espíritu Santo, y a través de la vida de otros creyentes en tu iglesia o comunidad cristiana. Si necesitas hallar un consejero que te provea de la sabiduría que necesitas y alguien a quien le puedas dar cuenta por tu comportamiento, pídele a Dios que te muestre a quién debes acudir. Entonces, cuando Dios traiga a tu vida esa persona, prepárate para invitarlo a que te dé sus sugerencias. Si aún no estás comprometido en alguna iglesia, busca una y pídele a un hombre o una mujer piadosa que asuman el papel de padres adoptivos y que te ayuden a navegar por el mar de las relaciones románticas.

Cualquiera que sea tu situación, no lo dejes para luego. Encárgate de formar un equipo de apoyo que te ayude a mantenerte en el camino donde debes andar.

3. *Establece límites de protección.*

Después que tienes tu "equipo" formado necesitas establecer fronteras y guías para tus relaciones con el sexo opuesto. Siéntate con tu mamá, con tu papá o con tu consejero y hazles preguntas tales como: "¿Qué compone un ambiente romántico? ¿Cuándo es el momento adecuado para invitar a salir a una chica, y cuándo esta relación podrá dirigirse hacia una intimidad prematura? Piensa con detenimiento sobre las posibles situaciones que se te puedan presentar. ¿Qué hago cuando una persona me atrae o viceversa? ¿Cuánto tiempo debería invertir hablando por teléfono con alguien del sexo opuesto? ¿Cuánto tiempo deberíamos pasar juntos aun cuando sea en grupo?

Establecer límites como estos te permitirá responder con confianza a las diferentes situaciones que se te presenten. Por ejemplo, yo me he comprometido a evitar situaciones que me puedan llevar a ser tentado. Para mí, estar a solas con una chica en una casa donde no hay nadie más, representa tal situación. Por lo tanto he creado fronteras relacionadas con este aspecto: no entraré en la casa de una joven si no hay ninguna otra persona. Cuando una chica me llama y me invita que vaya a visitarla, y de paso menciona que sus padres no están en casa, no me detengo a considerar la situación ni tengo que orar al respecto —ya sé de antemano que no voy a aceptar la invitación.

Las reglas de por sí no van a cambiar nuestros corazones, pero una vez que hayamos adquirido una nueva actitud, los límites de protección nos pueden ayudar a mantenernos en el camino que debemos seguir.

4. *Presta atención y ve quién te sopla en el oído.*

Finalmente, debes mantenerte al tanto de quiénes son los que ejercen influencia sobre tu vida. A quién y qué escuchas, lees y miras, va a servir de aliento o va a entrar en conflicto directo con tu compromiso de procurar sólo lo mejor que Dios tiene en cuanto a las relaciones se refiere.

Recuerdo que en cierta ocasión estuve hablando con una joven en mi iglesia y ella me comentaba lo disgustada que se sentía después de ver películas románticas.

—¿Me pregunto por qué esas cosas no me suceden a mí? —decía ella.

¿Existe algo en tu vida que te hacer sentir así de disgustado? Si contestas afirmativamente, entonces es posible que necesites eliminar algunas cosas. Quizá necesitas dejar de leer novelas románticas y dejar de ver novelas en la televisión, ya que estas cosas alimentan deseos pecaminosos dentro de ti. Puede ser que necesites apagar la radio porque gran parte de la música de hoy, exalta una falsa definición de lo que es el amor. Tal vez necesitas apagar algunos de tus programas de televisión favoritos, porque se burlan de tus creencias respecto a la pureza. Todo aquello que te tiente a sentirte disgustado o compromete tus creencias y valores, no lo toleres más. Apágalo. Apágalo.

Encontrarás que el mismo principio se aplica a invertir demasiado tiempo con amigos que están obsesionados con el jueguito de las citas y el noviazgo. No quiero decir que debes deshacerte de tus amistades porque te animan a continuar con tus acostumbradas citas; pero sí creo que debes estar al tanto de cómo ellos afectan tu manera de pensar.

Debes hacerte a ti mismo, las siguientes preguntas: ¿Me están afectando negativamente estas personas? ¿Cómo puedo lograr ser una influencia positiva para ellos, sin comprometer mis convicciones? La respuesta puede implicar que inviertas menos tiempo con ciertas personas o que elijas utilizar el tiempo con ellos en una situación distinta. Ora por estos amigos y ámalos; pero no dejes de evaluar con honestidad su influencia sobre tu vida. Pídele a Dios que traiga personas a tu vida que sirvan de apoyo a tus creencias y normas de conducta.

Debemos vivirlo

El pastor A.W. Tozer predicó en cierta ocasión un sermón a su congregación, que de una manera muy particular, venía cargado de gran convicción de pecado. Uno de los individuos que lo escuchó ese día recuerda que, de haberlo querido, hubiese llenado el altar con una gran multitud de gente llorando de arrepentimiento. Pero Tozer no estaba interesado en una manifestación de emociones, por eso en vez de hacer un llamado al altar, le dijo a su congregación que se marcharan del servicio en silencio.

—No vengan al altar a llorar su arrepentimiento —dijo a gran voz—, ¡vayan a sus casas y vívanlo!

La enseñanza de Tozer es perfecta para nosotros. Aunque al principio parezca difícil, los cuatro pasos que hemos examinado en este capítulo son un aspecto vital en la construcción de un nuevo estilo de vida. Nos ayudarán no sólo a comenzar con fuerzas, pero aun más importante, podrán ayudarnos a cumplir hasta el final con nuestro cometido de "ir a casa y vivir" de la manera que es correcta.

El primer paso lo podemos tomar al enfocar de nuevo aquellas relaciones que se van saliendo del camino o terminando con aquellas que sabemos que no son correctas. Para aprovechar todo lo bueno que Dios tiene para nosotros, debemos deshacernos del pecado y de los errores del pasado. También necesitamos un equipo —padres y/o amigos piadosos— que puedan controlar nuestra conducta y proveernos el ánimo que necesitamos. Seamos lo suficientemente humildes para aceptar su corrección y su consejo, y también honestos para admitir que necesitamos límites de protección en nuestras vidas, que nos mantengan apartados de la tentación y de comprometer nuestras creencias y convicciones. Finalmente, debemos evaluar con honestidad la influencia de lo que vemos, de lo que oímos, y de la gente con la que andamos. Seguir activamente los cuatro pasos que aparecen en este capítulo, nos ayudará a poner en acción nuestras convicciones.

Por supuesto que nos enfrentaremos a muchas preguntas: ¿Cómo podemos tener amistades con personas del sexo opuesto, sin involucrarnos románticamente? ¿Qué debemos hacer cuando sentimos atraídos o nos encaprichamos con alguien? Y ¿cómo podemos explicarle la regla de "no a las citas" a todos los que nos rodean? Examinaremos estos y otros asuntos en los próximos tres capítulos.

Capítulo Nueve

Sólo amigos en un mundo de simplemente "hazlo".

CLAVES PARA MANTENER TU RELACIÓN CON EL SEXO OPUESTO FUERA DE LA "ZONA ROMÁNTICA".

Conoces a alguien del sexo opuesto, y él o ella inmediatamente captan toda tu atención.

Uuuuh-aaaaah.

Comienzas a conocer más de cerca a esa persona y te das cuenta de que también posee una gran personalidad.

Un doble uuuuh-aaaaah.

Y por encima de esto, esta persona comienza a enviarte vibraciones que dicen "me encantaría poder conocerte mejor".

¡Un grandísimo Uuuuh-aaaaah!

Si has tomado la decisión de ponerle fin al romance hasta que estés listo para el matrimonio, ¿qué haces entonces ante una situación como esta? Si no vas a participar en el jueguito de la citas y el noviazgo, entonces, ¿cuál es el plan?

La respuesta sencilla a esto es ser simplemente amigos. Fácil, ¿cierto? No lo creo. Tal vez no tendríamos que luchar con una situación como esta si Dios nos hubiera creado sin corazón, sin emociones e inmune a toda atracción. Pero no lo hizo. La mayoría de nosotros tiene que lidiar con cada uno de estos aspectos, al ir dando tumbos a través del confuso proceso de encontrar un equilibrio entre dos opciones extremas: involucrarnos de una vez en una relación romántica con cualquier persona atractiva que nos pasa por el lado, o huir atemorizados de las personas del sexo opuesto. Establecer este equilibrio no es nada fácil. Mantenernos en el medio de ambas posiciones a menudo puede sentirse como que estamos sobre una cuerda floja que ha sido estirada sobre un ancho abismo.

Sencillamente confuso

Llegar a ser "simplemente amigos" es sencillamente algo confuso. Honestamente, aún no he podido descifrar cómo hacerlo. El romance corre por mis venas, y no siempre es fácil poder contenerse. Aun cuando mi deseo es mantener una relación con una chica a nivel platónico, lucho conmigo mismo por no ir más allá de lo que debo.

De todos modos, ¿dónde se encuentra la línea divisoria entre una amistad y "más que una amistad"? Al tratar de responder a esa pregunta viene a mi mente un comercial de televisión que veía cuando era niño. Se trataba de un caramelo llamado "Tootsie Pop", quizá lo has visto también. Un niño tenía una paleta de varios sabores en sus manos y se hacía la siguiente pregunta:

—¿Cuántos lamidos son necesarios para llegar al centro de una paleta Tootsie Pop rellena de chocolate?

Él se lo pregunta a una pareja de animales, pero nadie conoce la respuesta. Ellos lo guían hacia una lechuza, ella debe saber; las lechuzas son inteligentes.

Entonces el niño le hace la pregunta a la lechuza que está sentada en un árbol como si fuera una estatua:

—¿Cuántos lamidos son necesarios para llegar al suave chocolate en el centro de una paleta Tootsie Pop?

La lechuza toma la paleta pensativamente y le quita el envoltorio.

Lame una vez. —Uno —comienza a contar.

Lame otra vez. —Dos —continúa.

Lo lame una tercera vez. —Tres.

Y de pronto, un crujido. Echando toda paciencia al viento, la lechuza muerde hasta el centro de la paleta. Le entrega el palito vacío al chico, y la lechuza proclama su respuesta a tan misteriosa pregunta: —Tres.

Esta lechuza me hacía enojar mucho cuando era niño porque me sentía apenado por el muchachito. No sólo había perdido su paleta Tootsie Pop, sino que aún no sabía cuál era la verdadera respuesta a su pregunta.

¡Al considerar mi amistad con las chicas, me siento como aquel niño! No deseo llegar al delicioso y suave centro del romance —sólo deseo que seamos amigos—. ¡Pero no siempre sé cuánta atención o cortejo puede manejar una relación entre un chico y una chica, hasta que se escuche el crujido! —en ese momento se cruza la línea divisoria entre la amistad y "más que una amistad".

No estoy presentando esta preocupación porque le tenga temor al romance. Todo lo contrario, espero con ansias algún día aprender a amar a una chica y hacer todo lo posible por conquistarla. Pero hasta que llegue ese momento, quiero colocar toda mi atención en servir al Señor todo el tiempo que permanezca soltero.

Para poder mantenerme en este camino que he escogido, he tomado la decisión de evitar salir e involucrarme en enredos románticos.

¡Pero hay veces que en mis amistades se escucha un "crujido"!

¿Alguna vez te diste cuenta de que una amistad se había inclinado hacia el romance? Si es así, te habrás dado cuenta de lo difícil que es evitar esa situación. En un momento son buenos amigos, y de pronto tu corazón comienza a correr a alta velocidad. Suspiras al pensar en esa persona. Te sorprendes a ti mismo soñando despierto sobre la próxima ocasión en que pasarás tiempo junto a este "amigo". O si te encuentras compartiendo en un grupo de amigos, y cuando ves que esa persona en particular está hablando con otro, sientes... algo. ¿Celos? ¿Sentimientos posesivos?

Tratas de razonar y dices: "¿Por qué me siento así? Sólo somos amigos. Somos hermanos en Cristo..." Puedes decir lo que quieras, pero en lo más profundo de tu ser sabes que estás "crujiendo".

Amigos por siempre

Debo confesar que para vergüenza propia, poseo todo un archivo de "crujientes" historias; amistades con amigas que se complicaron y se arruinaron, sólo porque nos involucramos románticamente. Les voy a relatar una de estas historias para ilustrarles cómo puede progresar este "crujir".

A los diecisiete años de edad yo acababa de terminar con una relación que duró dos años, por medio de la cual experimenté muy de cerca, los escollos que hay en tener habitualmente citas y noviazgos a corto plazo. Aunque mi ex novia era y continúa siendo una persona maravillosa, nuestra relación terminó en medio de lamentos y arrepentimiento. Pero ahora yo tenía la oportunidad de comenzar de nuevo, y estaba decidido a evitar los errores del pasado. Por lo tanto, desarrollé un simple plan: hasta que yo esté preparado para el matrimonio y haya encontrado la joven perfecta, sólo voy a establecer amistades con el sexo opuesto.

Más fácil decirlo que hacerlo.

Mis intenciones eran buenas, pero me puse en marcha con una comprensión ingenua sobre la naturaleza de las relaciones entre chicos y chicas. En ese tiempo, yo pensaba que la amistad con una chica significaba que no la besabas o que no salías en una cita oficial. Obviamente yo tenía mucho que aprender.

Con mi limitado entendimiento, me embarqué en establecer mi nuevo estilo de relaciones con las chicas. No pasó mucho tiempo antes que se presentara la oportunidad de poner a prueba mis ideas. Conocí a Chelsea el verano anterior a mi último año de escuela superior. Era mi compañera de estudios en The Summit (La Cumbre) un campamento de entrenamiento para líderes cristianos que se estaba celebrando en un pintoresco pero destartalado hotel en Colorado Springs. Chelsea y yo nos conocimos un día en las escaleras mientras nos dirigíamos a nuestras respectivas clases. Era una hermosa muchacha de cabello oscuro del estado de Kansas que irradiaba salud, una creyente madura, de buena familia, y tan americana como el pastel de manzanas —atlética y audaz—. Este fue definitivamente uno de esos casos de "gustarse" a primera vista.

Durante el transcurso del campamento, dedicamos tiempo a conocernos, hablando en la fila del almuerzo, y jugando tenis los días designados para el deporte. Nos fuimos conociendo mejor cuando junto a un grupo de estudiantes y decidimos caminar más de 22 kilómetros para subir la cima del Piques Peak, la montaña más alta. Mientras duró la travesía, Chelsea me contó sobre su vida en el pequeño pueblo donde su padre trabajaba como abogado y yo le conté sobre mi vida en el estado de Oregón. Mientras hablábamos, me sentí muy contento de haber encontrado una chica con la cual podía pasar lindos momentos sin los adornos de lo que significaba ser novio y novia.

Desafortunadamente, mi deseo de "una simple amistad" no era tan fuerte como lo eran mis antiguos hábitos de ir acercándome cada vez más hacia el romance con las chicas. Me sentí atraído hacia Chelsea, y en vez de estar satisfecho con la amistad y mantener nuestra interacción dentro del contexto de grupo, la invité para que almorzáramos juntos. Ella aceptó, y dos días antes de finalizar el campamento, tomamos el autobús hacia el centro de Colorado Springs. Pasamos toda la tarde paseando sin rumbo fijo entre las pequeñas tiendas turísticas llenas de chucherías y pinturas baratas. En una de esas tiendas mandamos hacer collares de recuerdo.

Esta pequeña cita fue el Error Número Uno. En mi opinión, salir juntos a almorzar no es la gran cosa, pero en este caso, esta fue la señal del interés especial que sentía por Chelsea y nos colocó en un ambiente cargado de romanticismo que nos hizo sentir como pareja. Haber instigado esta interacción llevó nuestra relación a un nivel más allá de una simple amistad.

Pero en aquel momento yo estaba ciego a todo esto. De hecho, me sentí muy orgulloso de mí mismo. En cuanto a mí se refiere, habíamos tenido un comportamiento irreprochable. ¡Cielos! ¡Ni tan siquiera nos tomamos de la mano! Como estudiantes de escuela superior y "maduros", nuestro comportamiento se elevó por encima de la tendencia adolescente de hacernos novios durante el campamento, para luego terminar la relación al regresar a nuestras casas. Le dijimos a todos nuestros amigos, y a nosotros mismos que sólo éramos amigos.

Sin embargo, la verdad es que yo procuré conseguir algo más. Deseaba la emoción del romance y el bienestar de ser querido por alguien. Al día siguiente le escribí una nota donde le expresaba que no toleraba el hecho de que el final del campamento iba a significar el final de nuestra amistad. Y aunque vivíamos lejos el uno del otro, ¿podríamos mantenernos en contacto por carta? Ella estuvo de acuerdo.

Este fue el Error Número Dos. Escribir cartas es muy bueno, yo le escribí a varios amigos y amigas después del campamento. Pero Chelsea y yo hicimos más que mantenernos en contacto. Por varios meses nos escribimos casi todos los días. La relación no tan sólo nos costó una pequeña fortuna en sellos, casi se convierte en una obsesión. Cuando no le estaba escribiendo a Chelsea, o pasaba tiempo absorto en las cartas que ella me había escrito, estaba pensando o hablando de ella.

Para cualquier individuo con cierto grado de raciocinio, nosotros obviamente éramos más que amigos. A pesar de que siempre terminábamos las cartas con un "Amigos para siempre", estas misivas poéticas estaban empapadas de sugestivos tonos románticos. En medio de cada epístola, esparcíamos sutiles y abundantes frases: "Te extraño" y "No puedo dejar de pensar en ti". En una nota Chelsea escribió la frase "Te amo en Cristo" con letras brillantes y en la parte superior de cada hoja.

¿Solamente amigos? No lo creo.

Al meditar sobre estas cosas, me asombra la manera en que yo justificaba mis acciones. Pero, "¿cómo esto puede ser malo?" —razonaba yo. "Nosotros vivimos a miles de kilómetros de distancia, nunca nos besamos, y no podemos salir juntos!" De lo que no me estaba dando cuenta era que no necesitas vivir al lado de alguien para involucrarte en una relación íntima antes de tiempo. No necesitas tener una cita con esa persona para cruzar los límites de la amistad; el Servicio de Correos hace posible que lleves todo esto a cabo, a pesar de la distancia.

Nuestra relación no terminó bien, sino que se hizo cada vez más seria. Nosotros viajábamos y nos visitamos el uno al otro. Pero finalmente nos dimos cuenta de que teníamos menos cosas en común de lo que habíamos pensado al principio. Nuestro fervor romántico nos había cegado a la realidad de lo incompatible que éramos.

Cuando Chelsea conoció a otro compañero de escuela y comenzó a ser "simplemente amigos" con él, sentí celos. No podíamos evaluar objetivamente nuestra "amistad", nos herimos mutuamente, y con el tiempo el escribir cartas murió junto con nuestra relación —otro romance prematuro que termina con el corazón partido.

Yo había terminado en la misma situación que con tanta determinación había tratado de evitar.

¿Cómo sucedió? ¿En qué momento fue que nuestra relación se convirtió en algo más? ¿Alguna vez podré ser "simplemente amigo" con una chica, o esto es completamente imposible?

Las posibilidades de las amistades hombre/mujer

Aunque a veces he fallado en mis intentos por no cruzar la línea entre la amistad y el romance, sí creo que los chicos y las chicas pueden disfrutar de enriquecedoras relaciones de amistad no románticas. De hecho, es importante que lo hagamos. El apóstol Pablo instruye a su hijo espiritual Timoteo que trate a las mujeres jóvenes "como a hermanas, con toda pureza." 1 Timoteo 5:2. Pablo da por sentado que Timoteo se relaciona a diario con mujeres, y por lo tanto lo exhorta a que procure demostrar una actitud piadosa y pura. También nosotros debemos procurar lo mismo.

Las relaciones hombre/mujer pueden ser puras, llenas de inspiración y educativas. Al relacionarme con mis amigas, he adquirido una nueva comprensión sobre su perspectiva de la vida, y he aprendido lecciones muy valiosas que de otra manera no hubiera sido posible por causa de mi estrecha perspectiva y punto de vista varonil. Recuerdo haber recibido una nota de parte de una amiga en la que había enumerado algunos de sus pasajes bíblicos favoritos. Yo estaba tratando de memorizar algunos versos, y al comenzar a leer los que ella había escrito, me di cuenta de que mi plan de memorización estaba completamente desbalanceado. Todos mis versos bíblicos tenían que ver con conquistar al enemigo, ganarle al diablo y vencer sobre la tentación. Los versos de ella sin embargo, enfocaban sobre la fe sencilla en Dios, el servicio y la confianza en Su bondad. Aunque ella nunca lo supo, su perspectiva sobre nuestro Padre celestial me ayudó a equilibrar mi comprensión de quién es Dios.

Quizá tú también has podido adquirir algo valioso a través de una relación con alguien del sexo opuesto. Este tipo de amistad nos puede ayudar a ver la vida desde una perspectiva completamente diferente. Existe el potencial de que seamos retados espiritualmente y alentados en nuestro crecimiento personal.

El abuso de algo aparentemente inofensivo

Deberíamos aprovechar los beneficios de las amistades hombre/mujer, sin olvidar los límites. Si deseamos disfrutar de algo que es bueno, debemos reconocer sus limitaciones, y una relación con una persona del sexo opuesto no debe ser la excepción. No importa cuán provechoso o inocente sea algo, cuando demandamos demasiado de ello podemos estar haciéndonos daño a nosotros mismos y a los demás. Salomón enseñó sobre este principio usando la analogía del alimento al escribir: "¿Te gusta la miel? No comas demasiado o te caerá mal" Proverbios 25:16 (LBAD). Sólo porque algo es bueno no significa que debes comer por demás de ello. Al igual que la alimentación saludable, las relaciones saludables también requieren de dominio propio y moderación.

1. *Debes comprender la diferencia entre amistad e intimidad*
Podremos ver con mayor claridad qué difícil es encontrar la línea entre lo que es la amistad y "más que una amistad", al entender la diferencia entre amistad e intimidad.

La amistad tiene que ver con algo que va más allá de las dos personas dentro de la relación; la intimidad, sin embargo, se trata de los dos individuos en la relación. En una amistad verdadera, lo que une a los dos amigos es algo fuera de ellos mismos. C.S. Lewis lo expresó de la siguiente manera: "A los amantes los visualizamos cara a cara, pero a los amigos uno al lado del otro; sus ojos miran hacia adelante". La clave para la amistad es tener una meta u objeto común, sobre la cual ambos compañeros pueden enfocar su atención. La misma puede ser un pasatiempo atlético, alguna afición, su fe o la música; pero tiene que ser algo *fuera* de ellos mismos. Tan pronto como las dos personas involucradas se enfocan en la *relación*, la misma ha trascendido más allá de una simple amistad.

¿Puedes ver cómo esta progresión se fue desarrollando en mi historia con Chelsea? Al principio, fundamentamos nuestra relación en el hecho de que ambos estábamos participando en un campamento para líderes por dos semanas. Ambos teníamos en común otros intereses como el tenis y el piano. Nuestra interacción basada en estas cosas se mantuvo dentro del marco de la amistad.

Pero ambos teníamos pocas razones por la cual continuar nuestra amistad a la distancia. Se nos hacía imposible participar juntos en intereses comunes a kilómetros de distancia. No teníamos base alguna para continuar con una relación, excepto por el hecho de que estábamos interesados el uno en el otro. Si en realidad hubiésemos procurado una amistad, nos hubiésemos dado cuenta de que no podría trascender los límites establecidos por la geografía y los estilos de vida. Hubiésemos tenido que admitir que lo único que nos mantenía unidos era una atracción común.

Pero no lo hicimos. Por lo tanto, el enfoque de nuestra correspondencia dio un giro de los intereses que compartíamos hacia nuestra relación. Nos movimos de caminar juntos uno al lado del otro, a estar cara a cara enfocados el uno en el otro.

La razón por la cual la mayoría de las relaciones amistosas hombre/mujer cruzan hacia el romance es, porque las personas involucradas no comprenden la diferencia entre la amistad y la intimidad. Son demasiadas las veces que las confundimos. En el caso de Chelsea, yo expresé querer una relación de amistad, pero en realidad lo que quería era intimidad. Yo deseaba alguien que me amara y se interesara por mí. Mis acciones delataron mi deseo real por la emoción y el bienestar que el romance provee.

¿Mis deseos eran malos? No, pero estaban fuera de tiempo. No estoy diciendo que debemos evitar la intimidad. Claro que no. La intimidad es algo maravilloso. Lo que no debemos hacer es procurar la intimidad sin el compromiso. En las relaciones hombre/mujer que honran a Dios, el peso de la intimidad es el compromiso en el matrimonio. Si no estamos preparados o no somos capaces de comprometer todo lo que somos en una relación con otra persona, entonces no estamos listos para la intimidad.

¿Recuerdas la analogía que usamos en el capítulo 2? Procurar la intimidad sin el compromiso es como escalar una montaña junto a un compañero, el cual no está seguro de querer sostener la soga a mitad de camino. Lo último que deseas escuchar a miles de metros de altura, es que tu compañero se siente atado dentro de la relación.

Esto es exactamente lo que egoístamente le hice a Chelsea. Yo deseaba la aventura del romance, pero verdaderamente yo no estaba preparado para comprometerme. ¿Significa esto que debí haberme casado con Chelsea ya que fui yo quien comenzó la relación? No. Lo que significa es que después de todo, no debí haber comenzado una relación íntima con ella.

Comprender la diferencia que existe entre la amistad y la intimidad nos puede ayudar a mantenernos dentro de los límites de la amistad, hasta que estemos listos para enfrentar la responsabilidad de una relación íntima.

2. Sé inclusivo y no exclusivo

El segundo paso para ser sólo amigos con el sexo opuesto, es incluir a otros en vez de aislarnos con una persona sola. No queremos que la misma manera de pensar en cuanto a estar solos, como antes lo practicábamos en las citas, se mezcle en nuestras relaciones de amistad. Podemos evitar esto al incluir a propósito, amigos, familiares, y hasta extraños para que participen con nosotros.

Debes entender, por favor, que involucrar a otros no significa que necesitas un persona para que te acompañe en tus citas. Conozco más de una pareja que llevan consigo a un hermano o hermana menor cuando salen juntos, y de esta manera le llaman una actividad de grupo. El colegio cristiano donde asisten muchos de mis amigos, tiene establecido como regla que los estudiantes solamente pueden salir en una "unidad social" compuesta por tres personas. En cierta ocasión unos amigos me invitaron a pasar un tiempo con ellos, sólo para darme cuenta de que me habían invitado porque necesitaban una persona adicional para completar la unidad social. ¡Muchas gracias por pensar en mí! Ninguno de estos ejemplos contempla las necesidades del tercero en el grupo. ¡De hecho, el hermano menor o la tercera pieza en la unidad social podría sin ningún problema estar amarrado y amordazado en el baúl del auto!

No me refiero a la práctica de la inclusión sólo con la intención de guardar las apariencias. Sino que la inclusión debe proceder de un sincero deseo de involucrar la mayor cantidad de gente posible en un tiempo de compañerismo y servicio. Así que en realidad no debiéramos comenzar con una pareja, y entonces proceder desde ahí como punto de partida. Debemos comenzar con la meta final en mente —compañerismo, servicio, oración, estudio de la Palabra de Dios— y luego tratar de involucrar a otros.

Cuando nos encontramos considerando si incluimos a otros o no, entonces debemos preguntarnos si la amistad es el verdadero motivo de nuestra relación.

3. *Busca oportunidades para servir y no para entretenerte*
El difunto cantante Curt Cobain captó con exactitud la actitud de la cultura moderna con la frase: "Aquí estamos; ahora, entretennos". Creo que, desafortunadamente, muchos cristianos han convertido esta frase de Cobain en el coro de sus relaciones.

En mi opinión, nuestra obsesión nacional con la diversión no es nada más que una expresión de egoísmo. El enfoque del entretenimiento no está en producir algo para el uso y el beneficio de los demás, sino en consumir algo por puro placer personal. Una amistad que está fundamentada sobre esta mentalidad que busca complacerse y servirse a sí misma, con facilidad puede convertirse en una relación romántica que procura la satisfacción del propio individuo y que suple la necesidad del momento.

Pero cuando le damos un giro a la orientación de la relación, del entretenimiento hacia el servicio, nuestras relaciones cambian de estar enfocadas en nosotros mismos, a un enfoque de las personas a las cuales podemos servir. Precisamente aquí encontramos la esencia del asunto: en el servicio es que encontramos la verdadera amistad, es ahí donde podemos conocer a nuestros amigos de una manera más profunda que antes.

Detente un momento y medita unos segundo sobre esta idea. ¿Qué puedes aprender sobre alguien estando sentado al lado de esa persona en un teatro o cine? A diferencia de esto ¿qué puedes aprender de una persona mientras sirves a su lado? Al romper con la mentalidad que se centraliza en el entretenimiento y comenzamos a servir a otros, no sólo estamos complaciendo a Dios, también recibimos la bendición de una experiencia de amistad plena —dos personas (o más!)—, hombro con hombro, viajando juntos hacia un propósito noble y común.

No estoy diciendo que nunca debemos procurar el entretenimiento sano. Lo que sí creo es que en primer lugar debemos procurar servir. Así que toma la decisión de servir alimentando a los hambrientos, antes que te sientes en tu casa a ver un video. Y antes que le pidas al pastor de jóvenes de la iglesia que te lleve al parque de diversiones, reúne un grupo de amigos y juntos enseñen a la clase de adolescentes en la iglesia. Antes de ir a otro concierto, o antes de comprar tu próximo CD, decide comenzar un grupo musical en tu propio garaje. Procura producir antes de consumir; sirve antes de buscar el entretenimiento.

Amor filial

Llegar a ser sólo amigos con miembros del sexo opuesto no es algo que sucede por accidente. Hay que pelear a favor de nuestras amistades y protegerlas. Los hombres y las mujeres han sido diseñados para atraerse unos a otros igual que un imán. Pero hasta que no estemos preparados para estar "pegados por toda la vida", es necesario que evitemos la intimidad prematura. ¿Cómo lograrlo? Respetando las limitaciones de las amistades entre el hombre y la mujer, y relacionándonos con los demás dentro del marco establecido por la Palabra de Dios. En Romanos 12:10-11 leemos lo siguiente: "Ámense con cariño de hermanos y deléitense en el respeto mutuo. No seas perezoso en el trabajo; sirve al Señor con entusiasmo".

¿Cuál es nuestra relación con otra persona? Somos hermanos y hermanas en Cristo.

¿Cómo debemos tratarnos? Con honor y respeto.

¿Y cuál es el secreto de nuestro celo y diligencia? El servicio —hombro con hombro para la gloria de Dios.

Siendo guiados por esta actitud, el ser "simplemente amigos" puede resultar ser una experiencia simplemente maravillosa.

Capítulo Diez

Guarda tu corazón

CÓMO BATALLAR CONTRA LOS CONTAMINANTES: LASCIVIA, ENCAPRICHAMIENTO Y AUTOCOMPASIÓN.

Emily se extendió con desgano sobre la cama mientras observaba a Jessica empacar sus maletas.

—Apuesto que sé lo que sucederá cuando llegues a la universidad —dijo ella repentinamente.

—Oh, sí —dijo Jessica distraída. Ella ahora estaba más preocupada por cómo organizar el lío de ropa, zapatos y maquillaje que cubría todo el piso de su habitación.

—Claro que lo sé —dijo Emily mientras le arrojaba un par de medias a Jessica. Ella sabía muy bien cuando no la estaban tomando en serio.

—Vas a llegar a la universidad, conocerás a un chico y te enamorarás. Entonces tendrás que regresar arrastrándote de rodillas, rogándome que te perdone por todas las veces que me has molestado respecto a las citas en las que salgo. ¡Oh, casi no puedo esperar hasta que consigas un novio!

Si alguna otra persona aparte de Emily hubiese expresado esas palabras, Jessica se hubiera sentido enojada. Pero como era su mejor amiga quien expresaba tal cosa —irritable como era— lo único que Jessica podía hacer era sonreír.

—Emily, ya te he dicho que no es cuestión de no querer enamorarme —dijo Jessica mientras a la fuerza metía otro par de medias en su maleta—. No estoy interesada en jugar el jueguito de correr tras relaciones que carecen de sentido y fundamento... como *algunas* personas que conozco suelen hacer.

Sin hacer caso del golpe directo de Jessica, Emily replicó:

—Ya verás que sólo hay que esperar; la universidad te hará cambiar de parecer.

Cuando las reglas no se adaptan al juego

Siete meses más tarde, Jessica se encontraba sentaba en su habitación mirando por la ventana a una ardilla que cruzaba por el estacionamiento. Era uno de esos raros momentos durante la tarde en que el dormitorio estaba quieto y Jessica podía pensar con tranquilidad. ¿Quizá Emily tenía razón? —se dijo para sí distraída, mientras meditaba sobre la conversación que tuvieron. La universidad había volcado su mundo patas arriba. Todos sus conceptos idealistas sobre el amor y el noviazgo perfecto parecían fuera de moda y anticuados. Había llegado a la universidad tan segura de todo, y ahora no sabía ni en qué creer.

Al haber sido criada en un pueblo pequeño donde no había muchos chicos cristianos, Jessica nunca le prestó atención al tema de las citas. Sus amigas suplían su necesidad de compañerismo; las tareas, el voleibol y el béisbol la mantenían bastante ocupada. Durante su tercer año de escuela superior Jessica escuchó una conferencia para jóvenes titulada "Una perspectiva bíblica sobre el romance". El orador mencionó que cómo tener habitualmente citas contradecía los principios bíblicos. Jessica se sorprendió ante la sensatez de las ideas expresadas. Ella nunca había tomado una decisión consciente de "no practicar las citas", pero ahora comprendía por qué siempre se había sentido incómoda con el concepto. Mentalmente Jessica comenzó a contar las veces que sus amigas habían sido heridas por relaciones que no resultaron. ¿No había visto los resultados negativos de esos vínculos?

Fue así como Jessica comenzó su búsqueda para encontrar la manera "correcta" de hacer las cosas. O, como Emily solía decir: "Jessica y su campaña antinoviazgo." Hizo un recorrido rápido de la Biblia en busca de consejos, leyó libros, escuchó grabaciones sobre el tema e invirtió varias noches dialogando —a menudo argumentando— con sus amigas sobre los méritos y peligros de las citas y el noviazgo a corto plazo.

Jessica apareció de esta búsqueda con sus "reglas acerca del romance", como si fuera el Moisés moderno descendiendo del monte Sinaí con los Diez Mandamientos. Se sentía segura de que su lista de lo que se puede y no se puede hacer eran la solución a los problemas de las relaciones de todo el mundo... o por lo menos impedirían que ella los experimentara personalmente.

En primer lugar, Jessica nunca se permitiría a sí misma involucrarse en relaciones a corto plazo. Hasta que no sintiera que estaba lista para el matrimonio, las citas estaban fuera de toda consideración; ella solamente saldría con muchachos como parte de un grupo. En el momento apropiado para el romance, cualquier muchacho que haya demostrado interés en ella tendría que hablar primero con sus padres. Desde ese momento en adelante, Jessica tenía planeado cada detalle del proceso de noviazgo como si fuera un libreto cuidadosamente escrito. Después de examinar detenidamente al supuesto pretendiente, mamá y papá le otorgarían permiso al joven para cortejarla, ambos se enamorarían locamente el uno del otro, y el sol saldría en todo su esplendor durante su ceremonia de boda al aire libre.

Todo esto era bueno. Muy sabiamente Jessica había desarrollado un nivel alto de sus objetivos, de hecho, sus reglas eran todas sólidas. Pero algo le faltaba al método que usó al desarrollar el patrón que le serviría como guía. Jessica lo había establecido con la frialdad emocional de un autómata. Sí, es cierto que sus reglas tenían sentido, pero eran sólo reglas —no se habían hecho realidad en su corazón—. Sólo aquellas creencias que brotan del corazón son las que podrán mantenerse firme ante los fuertes vientos de la emoción. Para ella, la tormenta estaba a punto de desatarse.

Cuando llegó a la universidad (una universidad cristiana que había sido seleccionada precisamente por sus estrictos códigos), se dio cuenta rápidamente de que los códigos de comportamiento externos en los cuales había depositado su confianza, no fueron útiles en lo absoluto para controlar los sentimientos que dentro de ella se acumulaban. Ella nunca había compartido con tantos muchachos bien parecidos y devotos, casi a diario. Nunca se había enfrentado con el problema de tener que negarse a salir con Tony, quien tenía puesta una camiseta del grupo de rock "Metálica" y llevaba el pelo parado de puntas y pintado de negro. Pero cuando el alto y bien peinado Eric fijó sus ojos color café en ella, mientras dialogaban sobre el sermón durante el devocional matutino, Jessica sintió que sus convicciones se derretían dentro de ella.

Y para rematar, no podía caminar tres metros sin encontrarse frente a frente con una pareja. ¡Estaban por todos lados! Tres de sus cuatro compañeras de habitación tenían novio, y se quedaban perplejas ante su resolución de no involucrarse con alguien. Comenzó a sentirse .como una monja en el "Crucero del Amor".

Dentro de ella, comenzó a codiciar las relaciones de sus compañeras. Repentinamente, la idea de tener un novio le pareció reconfortante; y se sorprendió a sí misma soñando despierta con ciertos chicos.

"¿Qué pasaría si éste o aquél resulta ser el hombre para mí?" ¿Qué quiso decir *realmente* cuando dijo éste o aquél? ¿Le gustaré?" Con todos estos pensamientos rondando por su mente, se convirtió en una persona melancólica e insatisfecha. No importaba lo que hacía, siempre estaba pensando: ¿Si tan sólo pudiera compartir esto con algún chico? Aunque tenía suficientes amigas y varios amigos varones, ellos difícilmente llenaban sus anhelos.

Lo más difícil de todo era que los muchachos habían comenzado a invitarla a salir. ¿Alguno de ellos estaba apto para el matrimonio? No completamente, pero había uno que era muy simpático... En lo más profundo de su ser, Jessica sabía que estaba haciendo todo lo opuesto a lo que había resuelto no hacer, pero ¿qué importaba eso ahora? Sus códigos y reglas parecían no tener ningún valor.

Conociéndonos

Al corazón humano no le agrada recibir órdenes de la mente. A todos nos llegará el momento en que no *sentiremos* ganas de hacer lo piadoso y responsable que habíamos resuelto hacer. La pregunta que nos debemos hacer es: ¿Cómo vamos a responder cuando nuestros corazones se alcen en plena rebelión? Si no nos preparamos para una sublevación, nos sentiremos tentados a abandonar nuestros principios y códigos de conducta.

"Al ir madurando como mujer", escribe la autora Elizabeth Elliot en su libro *"Passion and Purity"* ["Pasión y Pureza"], y comenzar a ver lo que había en mi corazón, puede apreciar con claridad que de todas las cosas difíciles de controlar, no había nada más difícil que mi afecto y voluntad." Mientras más pronto nos familiaricemos con el contenido de nuestro corazón, mejor. Demasiados de nosotros ignoramos completamente cuán engañoso puede ser en realidad, lo más profundo de nuestro ser. Al pensar en el "corazón", nos viene a la mente simpáticos recortes de color rojo del día de los enamorados. Pero si a menudo examináramos nuestros corazones con honestidad, encontraríamos mentiras, egoísmo, lujuria, envidia y orgullo. ¡Y esa es la lista abreviada! El efecto sería similar a encontrar la foto de tu dulce abuelita en la lista de los diez criminales más buscados del país.

Pero, aunque nos quedemos sorprendidos por ese descubrimiento, Dios no se sorprende. Él no sólo comprende lo frágil que es el corazón humano, Él también reconoce con cuanta facilidad puede ser influenciado a ir por el camino incorrecto.

El corazón engañoso

La Biblia está saturada de advertencias sobre la naturaleza del corazón humano, y de instrucciones sobre cómo cuidar de él

como una prioridad. Proverbios 4:23 nos dice: "Sobre toda
cosa guardada, guarda tu corazón..." ¿Cómo debemos hacerlo?

En primer lugar, piensa en guardar tu corazón como si
fuera un criminal que está atado a una silla, y quiere liberarse
y tumbarte de un golpe en la cabeza. En otras palabras, debes
protegerte a ti mismo de la pecaminosidad de tu propio
corazón. Debes tener mucho cuidado con tu corazón, recono-
ciendo que puede hacerte mucho daño si no lo observas
cuidadosamente.

En Jeremías 17:9 leemos lo siguiente: "Engañoso es el
corazón más que todas las cosas, y perverso; ¿quién lo conocerá?" Aunque el consejo de algunos bien intencionados de
hoy es: "Sigue los deseos de tu corazón", la Biblia nos advierte
que tu corazón te puede llevar por caminos errados y aun por
caminos de muerte. Nuestro corazón nos miente. Podemos *sentir*
que algo es lo correcto, y estar completamente equivocados.

En su libro titulado *First Things First* ["Primero lo principal"], el autor Stephen Covey usa una analogía que nos puede
ayudar a entender la habilidad de nuestras emociones por
desvirtuar la realidad. Si tomas una linterna y la haces brillar
de noche sobre un reloj de sol, puedes lograr que el reloj señale
cualquier hora que desees. Pero aunque también de esta
manera te está dando la hora, no es la correcta. ¿Por qué?
Porque eres tú quien has manipulado de donde proviene la
fuente de luz.

De la misma manera, nuestra emociones tienen la habilidad
de "arrojar cierto grado de luz" sobre nuestras circunstancias,
desde un sinnúmero de ángulos diferentes. Las emociones nos
pueden decir precisamente lo que deseamos escuchar; pero no
podemos depositar toda nuestra confianza en esas indicacio-
nes del corazón.

Julie, una joven de diecinueve años de edad que trabajó
como recepcionista en la oficina de un doctor, se sintió atraída
hacia su jefe, un hombre casado que había comenzado a
hacerle insinuaciones sexuales. Su deseo era actuar dirigida por la
atracción que sentía por él, y ver hasta dónde llegaba su coqueteo.

Su corazón le decía que se dejara llevar por sus sentimientos. ¿Debió ella haberle hecho caso a sus sentimientos?

Por fortuna, las convicciones de Julie resistieron ante el suave susurro de su corazón. Renunció a su posición y le confesó su tentación a una amiga cristiana que oró con ella y le prometió estar al tanto de sus acciones.

Julie fue sabia al guardar su corazón, al meditar sobre las posibles consecuencias de su conducta. De haberle hecho caso a sus sentimientos, ella hubiese pecado en contra de Dios, se vería obligada a llevar consigo los recuerdos de dicha relación a su futuro matrimonio y muy posiblemente hubiese arruinado la vida y la familia de ese hombre. Al pensar de esta manera, esta joven expuso a la luz lo repugnante y feo de los deseos de su corazón. Haberse alejado de la tentación y haber encontrado una compañera a quien darle cuenta por sus acciones y por su comportamiento, resultaron ser precauciones que la aseguraron de no caer presa de su propio corazón pecaminoso.

¿Te estás enfrentando a alguna situación potencialmente precaria tras la cual tu corazón anhela ir? Al igual que Julie, debes hacer todo lo que sea necesario para guardar tu corazón y mantenerlo en sujeción a Dios.

Manteniendo un manantial puro

En segundo lugar, imagínate al guardar tu corazón como si éste fuese un manantial de agua fresca del cual deseas beber a diario. La Biblia nos dice que el corazón es de donde "mana la vida" Proverbios 4:23, la fuente de nuestras actitudes, palabras y hechos. Si fracasamos en mantener nuestros corazones limpios, el resto de nuestras vidas se ensucia y estanca.

Peter Marshall, ex capellán del Senado de los Estados Unidos de Norteamérica, solía relatar una historia llamada "The Keeper Of the Spring" ["El Guardián del Manantial"]. Esta sencilla y hermosa historia nos ilustra la importancia de mantener constantemente la pureza de nuestros corazones.

Un anciano y tranquilo morador del bosque, vivía en una aldea en Austria, en las laderas de los Alpes orientales. Hacía ya muchos años que el concilio del poblado empleó los servicios del anciano como el guardián del manantial, quien se encargaba de velar por la pureza de los pozos de agua que se acumulaban en las grietas de la montaña. Desde estas grietas el agua se desbordaba y fluía por las laderas de la montaña y alimentaba el hermoso manantial que corría por el poblado. Con calma y fiel regularidad, el guardián del manantial patrullaba por los montes, removía las hojas y las ramas de los pozos, y limpiaba el sedimento que podía impedir y contaminar el libre y fresco fluir del agua. Al pasar el tiempo, el poblado se convirtió en una popular atracción turística. Hermosos cisnes flotaban a través del claro manantial, la rueda de molino de varios negocios localizados cerca del agua giraban día y noche, las tierras labradas eran naturalmente irrigadas y la vista desde los restaurantes relucía.

Los años pasaron. Cierta noche el concilio del poblado se reunió para su evaluación de mitad de año y al examinar el presupuesto, uno de los miembros se fijó en el sueldo que se le pagaba al desconocido guardián del manantial.

—¿Quién es ese anciano? —preguntó indignado—. ¿Por qué continuamos pagándole año tras año? Jamás nadie lo ve. En cuanto a nosotros se refiere, este hombre no nos sirve para nada. ¡Ya no lo necesitamos! Por unanimidad el concilio votó a favor de eximir al anciano de sus servicios.

Nada cambió por varias semanas. Pero a principios del otoño, las hojas comenzaron a caer de los árboles. Pequeñas ramas se desprendieron y cayeron en los pozos, impidiendo el fluir del agua cristalina. Una tarde, alguien notó que había un cierto color marrón-amarillento en el manantial. Varios días después, el agua se había oscurecido un poco más. A la semana, una leve capa de moho había cubierto algunos sectores del agua en las riberas, y un fuerte hedor emanaba del manantial. La rueda de los molinos comenzaron a girar con lentitud; algunas finalmente se detuvieron por completo. Los negocios localizados cerca del agua tuvieron que cerrar. Los cisnes emigraron lejos en busca de agua fresca, y los turistas dejaron de visitar el poblado. Con el tiempo, los tentáculos de las enfermedades llegaron a lo más recóndito de la aldea.

Cortos de vista y faltos de visión, el concilio del poblado disfrutaba de la belleza del manantial, pero subestimaron la importancia de guardar su origen.

Nosotros también podemos cometer el mismo error en nuestras vidas. De la misma manera que el "Guardián del Manantial" mantenía la pureza del agua, tú y yo somos los "guardianes de nuestro corazón". Constantemente necesitamos evaluar en oración la pureza de nuestro corazón, pidiéndole a Dios que revele aquellas pequeñas cosas que nos contaminan. Al ir Dios revelando nuestras actitudes, anhelos y deseos errados, debemos eliminarlos de nuestro corazón.

Los contaminantes

¿Cuáles son algunas de las cosas que Dios nos va a pedir que quitemos de nuestros corazones, especialmente aquellas que tienen que ver con nuestra forma de pensar acerca de las citas? Juan nos ofrece la siguiente advertencia: "No améis al mundo, ni las cosas que están en el mundo... Porque todo lo que hay en el mundo, los deseos de la carne, los deseos de los ojos, y la vanagloria de la vida, no proviene del Padre, sino del mundo" 1 Juan 2:15-16. En este pasaje, Juan nos presenta tres categorías de cosas mundanas que contaminan nuestros corazones: deseos pecaminosos, la codicia, y la soberbia al compararnos con otros. ¿Las podemos aplicar a las relaciones románticas? Creo que sí. De hecho, la mayoría de las luchas en nuestras relaciones involucra el anhelar lo que no debemos anhelar, codiciar lo que Dios ha prohibido, o quejarnos por lo que no tenemos. Estos "contaminantes" se manifiestan especialmente en las relaciones como encaprichamiento, lascivia, y autocompasión. Las examinaremos más de cerca.

1. *Encaprichamiento*
Es probable que ya lo hayas experimentado —los pensamientos constantes sobre alguien en quien te has fijado, las palpitaciones

del corazón cada vez que la persona te pasa por el lado, las horas invertidas soñando con un futuro con esa persona especial. ¡A esto se le llama encaprichamiento, y lo conozco muy bien, ya que lo he experimentado personalmente!

A muchos de nosotros se nos hace difícil ver este mal como algo dañino. Pero es necesario que lo examinemos con cuidado, porque en realidad el encapricharse puede resultar ser una respuesta pecaminosa a la atracción. Cada vez que permitimos que alguien tome el lugar que debe tener Dios como el centro y el enfoque de nuestras vidas, nos hemos movido de la inocente apreciación de la belleza o la personalidad de alguien, al peligroso ámbito del encaprichamiento. En vez de hacer de Dios el objeto de nuestro anhelo, desplazamos erróneamente estos sentimientos hacia otro ser humano. Nos convertimos en idólatras, postrándonos ante alguien que no es Dios, en la esperanza de que esa persona supla nuestras necesidades y nos satisfaga plenamente.

Dios tiene razón al sentir celo por nuestros corazones; después de todo, fue él quien nos creó y nos redimió. Su deseo es que enfoquemos todos nuestros pensamientos, anhelos y deseos en Él. Nos bendice bondadosamente al darnos relaciones personales, pero su llamado primordial es que hallemos el deleite de nuestro corazón en Él.

Aparte de desviar nuestra atención de Dios, esta actitud puede causarnos problemas debido a que mayormente está fundamentado en la ilusión. Cuando nos obstinamos con alguien, solemos elevar en nuestra imaginación a esa persona, como la chica o el chico perfecto. Pensamos que seríamos felices por siempre si esa persona hace corresponde a nuestro afecto. Por supuesto, sólo podemos mantener nuestra tonta ilusión porque hemos sustituido toda la información que no tenemos del individuo por la fantasía. Tan pronto como conocemos la verdadera identidad del individuo, y descubrimos que nuestro "perfecto" hombre o mujer es tan humano como el resto de nosotros, nuestros sueños se desvanecen y entonces nos movemos hacia la próxima ilusión.

Para romper con este patrón de testarudez, debemos rechazar toda noción de que una relación humana tiene la capacidad de satisfacernos completamente. Cuando notemos que nos estamos deslizando hacia el fantasioso mundo del encaprichamiento, debemos orar: "Señor ayúdame a apreciar a esta persona sin elevarla en mi corazón por encima de ti. Ayúdame a recordar que ningún humano podrá jamás tomar el lugar que tú ocupas en mi vida. Tú eres mi fortaleza, mi esperanza, mi gozo y mi máxima recompensa. Dios mío, regrésame a la realidad; crea en mi un corazón sin división" (Salmo 86:11).

Mi papá suele decir que cuando uno permite que Dios sea Dios, puedes permitir que los humanos sean humanos. Al permitir que Dios ocupe el lugar que le corresponde en nuestras vidas, no tendremos que luchar tanto cuando las relaciones humanas nos fallan. En contraste con esto podemos decir que cuando convertimos a otro ser humano en nuestro ídolo, Dios no puede ser nuestro Dios.

Después de colocar a Dios en el primer lugar en nuestras vidas, debemos evitar encapricharnos al tomar la firme decisión de no alentar ningún tipo de atracción. "¡No alimentes la atracción!", me dijo una chica de Brooklyn cuando le pregunté de qué manera ella enfrentaba el obstinamiento. Y ella está en lo cierto. La atracción se convierte en encaprichamiento sólo cuando mimamos y alimentamos la atracción que sentimos.

Cada vez que sentimos atracción por alguien, nos enfrentamos ante la decisión de dejar el asunto al nivel de una simple atracción, o permitir ser transportados a un mundo ilusorio por medio de nuestra imaginación.

En cierta ocasión participé como invitado en un programa radial, y luego pude hablar brevemente con la productora, una mujer soltera de unos treinta y tanto años. Ella me dijo que los adolescentes no son los únicos que tiene que lidiar con la atracción repentina. Esta hermosa e inteligente mujer tenía también que resistir la obstinación aunque era adulta. Hizo varias declaraciones, las cuales encontré muy significativas y prácticas.

—Joshua —me dijo luego de relatarme la historia de un caballero que recientemente la había estado persiguiendo—, mi anhelo es mantenerme enfocada en Dios. Y hasta el momento en que llegue a mi vida el hombre correcto, rehuso alimentar mis metas románticas y permitir que mi corazón corra a la deriva.

Para ella, alimentar sus metas románticas significaba soñar despierta durante el camino de regreso a su casa con un hombre de su trabajo, colocar su foto en la puerta de su heladera, y reírse con una risita tonta al hablar de él con las amigas.

En el momento correcto dentro de una relación, cada una de estas actividades puede ser apropiada, pero antes del tiempo correcto, ella sabía muy bien que estas actitudes sólo resultarían en un encaprichamiento fundamentado en la fantasía.

¿Y tú? ¿Te has sorprendido sucumbiendo ante el deseo obstinado, quitando así tu enfoque de Dios y fantaseando acerca del compañero "perfecto"? Quizá necesitas dar un paso hacia atrás y evaluar el papel que el encaprichamiento representa en tu vida.

2. *Lascivia.*
El segundo veneno que a menudo amenaza la pureza de nuestros corazones es la lascivia. Tener este sentimiento es desear sexualmente algo que Dios ha prohibido. Por ejemplo, cuando yo como hombre soltero miro a una mujer que no es mi esposa (que en este preciso momento significa: todas las mujeres) e inmoralmente tengo fantasías con ella, eso es lascivia; estoy inclinando mi corazón hacia algo alrededor de lo cual, Dios ha establecido límites. El deseo sexual dentro del matrimonio es una expresión natural y apropiada; después de todo fue Dios quien creó en nosotros este sentimiento. Pero también Dios nos da mandamientos específicos que nos prohíben disfrutar de esos deseos antes del matrimonio.

Para batallar contra la lascivia en nuestras vidas, debemos detestarla con la misma intensidad que Dios lo hace y desafortunadamente, a menudo no lo hacemos. Una experiencia que tuve mientras visitaba la ciudad de Denver, Colorado, me abrió los ojos ante la realidad de mi propia laxitud respecto a la lascivia. Cierta tarde me dirigía caminando desde mi hotel hacia el centro de convenciones en el centro de la ciudad. Tres hombres pasaron junto a mí en dirección contraria sonriendo de una manera un poco extraña. Los tres dijeron algo en voz baja y se rieron al pasar a mi lado, y por alguna razón sus acciones me hicieron sentir incómodo. ¿Qué me sucede? Quité la incomodidad fuera de mi mente y continué mi camino, pero unos minutos después, un auto se detuvo al lado mío. Dentro del auto estaban las tres personas que me habían cruzado antes. En esta ocasión, no me equivoqué en cuanto a cuáles eran sus intenciones o la razón por la cual me sentí tan incómodo —estos tipos eran homosexuales y me estaban buscando—. Ellos silbaron, me hicieron guiñadas y se rieron ante mi desconcierto. Finalmente se esfumaron a toda velocidad, dejándome furioso.

Nunca olvidaré el enojo y la repugnancia que sentí en ese momento. Me sentí indignado por haber servido como el objeto de su lascivia, de sentir sus ojos desplazándose por todo mi cuerpo. Fue algo tan sucio.

Recuerdo que acudí a Dios con ira santurrona y con un silbido de protesta entre dientes cerrados dije: "¡Esos hombre están enfermos!"

El suave reproche que Dios susurró a mi oído me tomó por sorpresa. "Joshua, tu presumida lascivia heterosexual está exactamente fuera de lugar y ante mis ojos me causa la misma repugnancia."

Darme cuenta de esta realidad me hizo descender con rapidez de la nube en que yo andaba. El desprecio que sentí ante la lascivia de aquellos tres hombres era *nada* en comparación con la repugnancia que Dios sentía por la lascivia que había en mi corazón, a pesar de que la sociedad lo anima y lo espera. Dios declara que cuando miro a una mujer con lascivia, sea que está en la calle, en una cartelera, o en una película, estoy cometiendo adulterio con ella en mi corazón (Mateo 5:28). ¡Eso es asunto serio!

¿En cuántas ocasiones has sentido lascivia por una chica que pasa a tu lado, de la misma manera que aquellos homosexuales la sintieron por mí? ¿Cuántas veces mis ojos se han desplazado a través del cuerpo de una mujer como "una babosa en una rosa", como fue descrito tan acertadamente por Cirano de Bergerac? ¿Siento tanta repulsión por la lascivia que hay en mi propia vida como la que siento por la que hay en la vida de los demás? Beilby Porteus escribe lo siguiente: "Aquello que tememos hacer frente a los hombres, debemos temer pensarlo frente a Dios."

Es necesario intentar quitar de una vez por todas la lascivia de nuestras mentes. Debemos orar diciendo: "Crea en mí, oh Dios, un corazón limpio" Salmo 51:10. Ayúdame Señor a ser como Job que hizo un pacto con sus ojos de no mirar lascivamente a los demás (Job 31:1). Perdóname por mimar la lascivia en mi vida; ayúdame a protegerme fielmente de su influencia. "Sean gratos los dichos de mi boca y la meditación de mi corazón delante de ti, oh Jehová" Salmo 19:14.

Finalmente, necesitamos evitar aquellas cosas que alientan los malos deseos. Para una chica que conozco, guardar su corazón contra la lascivia significó echar a la basura todas las novelas de romance. Ella sintió la convicción de que el constante sensualismo de esos libros era completamente inapropiado para que ella los leyera; permitiendo que su corazón se convierta en tierra fértil para las semillas de lascivia. Otro amigo mío en la universidad dejó de pasar sus tardes en la playa porque las chicas con sus diminutas bikinis, era demasiada tentación para sus ojos. Otro amigo tomó la decisión de abstenerse de todo tipo de película por seis meses.

Cada uno de estos tres amigos son un ejemplo como personas, cada uno con diferentes debilidades, que están procurando proteger sus corazones de aquellas cosas —libros, lugares, películas— que los llevan a tener deseos pecaminosos.

Al evaluar nuestras vidas con suficiente nivel de honestidad para reconocer nuestra propia lascivia y ver el dolor que la misma le causa a Dios, vamos a desear destruirla... antes que nos destruya a nosotros.

3. *Autocompasión*

El último contaminante de nuestros corazones es la autocompasión. En cierta forma, este sentimiento no es nada más que la adoración de nuestras circunstancias. Cuando le damos rienda suelta a sentir pena por nosotros mismos, quitamos el enfoque de Dios —su bondad, su justicia, su habilidad para librarnos de toda circunstancia.

Al apartarnos de Él, nos alejamos voluntariamente de la única fuente de esperanza.

Es muy fácil permitir que la autocompasión penetre en nuestros corazones. Cuando nos sentimos solos o anhelamos tener alguien a quien amar o tener alguien que nos ame, es fácil creer que tenemos todas las razones del mundo para quejarnos, y para estar malhumorados debido a que hemos recibido un mal trato.

Pero, ¿habrá alguna razón para quejarnos al considerar seriamente la Cruz? Al tratar de seguir el plan trazado por Dios para las relaciones, y como resultado paso por alto los noviazgos a corto plazo, a veces me siento tentado a dejarme caer en una mentalidad de "mártir". "¡Oh, pobrecito de mí! ¡Aquí estoy, sufriendo por causa de la justicia!" ¡Qué tontería! En mis momentos de mayor objetividad, me imagino a Dios respondiendo a mi autocompasión de una manera similar a la inscripción que aparece en una camiseta muy popular: "¿Te gustaría un pedazo de queso con tu vino?" Invertir tiempo lamentándome sobre lo que he tenido que dejar, no es algo que impresiona a Dios: lo que sí lo impresiona es la obediencia con gozo.

La autocompasión es una respuesta pecaminosa a los sentimientos de soledad. Nosotros no pecamos cuando nos sentimos solos, o cuando admitimos tener el deseo de poder compartir con alguien en una relación. Pero sí pecamos cuando usamos esos sentimientos como una excusa para apartarnos de Dios y exaltar nuestras necesidades personales.

¿Con frecuencia te sorprendes concentrándote en tu pobre estado emocional en vez de confiar en Dios para que haga lo que Él cree es lo que más te conviene?

De ser así, entonces es muy probable que necesites examinar detenidamente y con honestidad tu inclinación hacia la autocompasión. Si necesitas lidiar con este asunto, tú puedes desarmar la autocompasión haciendo varias cosas. Primero, deja de fundamentar tu felicidad en la manera en que te comparas con otras personas. No caigas en el jueguito de las comparaciones. Demasiadas personas desperdician sus vidas al procurar adquirir cosas que en realidad no desean, y lo hacen sencillamente porque no puede tolerar la idea de que otra persona posea algo que ellos no tienen. Debes hacerte la siguiente pregunta: "¿En realidad estoy careciendo de algo en mi vida, o simplemente estoy codiciando lo que le pertenece a otro?"

Segundo, cuando sientas que los antiguos sentimientos de autocompasión comienzan a manifestarse, debes desviar esos sentimientos hacia la expresión de compasión por otras personas. Mira a tu alrededor e identifica a alguien que comparte tus mismos sentimientos de soledad, y busca una manera de confortar a esa persona. Evita concentrarte en tus propias necesidades, y ayuda a resolver los problemas de otro.

Finalmente, aprende a usar los sentimientos de soledad como una oportunidad para acercarte cada vez más a Dios. Una joven como de veinte años de edad que se casó recientemente, me dijo que ella veía la soledad como el llamado de Dios a su corazón.

—Cuando me sentía sola, yo pensaba: ¡Dios me está llamando para estar con Él! —me dijo ella. Durante las épocas de soledad ella aprendió a derramar su corazón ante Dios y a hablar con Él. Hoy día ella no cambiaría esos momentos tan íntimos por nada en el mundo.

Él sabe todas las cosas

La labor de guardar nuestros corazones es una gran responsabilidad. La misma toma lugar en los lugares secretos de devoción. Es por medio de la oración honesta y la meditación en la Palabra de Dios, como limpiamos de nuestros corazones la capa de encaprichamiento, de lascivia y de autocompasión. Al igual que el "Guardián del Manantial", la obra nunca se acaba. Debemos estar vigilando nuestros corazones con "quieta y fiel regularidad".

Sí, nuestros corazones son engañosos, pero la promesa de Primera de Juan 3:20 nos llena de esperanza en nuestra labor: "...mayor que nuestro corazón es Dios, y él sabe todas las cosas". La fortaleza de Dios nos ayuda a través de las sacudidas y trastornos causados por nuestras emociones y podemos sentirnos reconfortados al saber que Él no mira nuestra triste condición desde lejos, meneando la cabeza ante nuestra debilidad. Jesús, el Hijo de Dios, quien en Hebreos 7:25 nos dice que está: "...viviendo siempre para interceder por ellos." Él mismo ha resistido los mismos sentimientos de soledad que tú y yo, y comprende cómo se siente tener que enfrentarse a la tentación. Nos podrá sustentar en la medida en que confiemos en Él y con fidelidad guardemos nuestros corazones.

Capítulo Once

¿No sales en citas amorosas? ¿Acaso estás loco?

QUÉ HACER CUANDO TE PREGUNTAN POR QUÉ NO PARTICIPAS EN EL JUEGO DE LAS CITAS

Cierto día, mi hermanito Brett de siete años, me contó que Susie, una de las niñas que asistía a la escuela dominical, estaba enamorada de él.

—¿De veras? —dije yo.

—Así es —dijo Brett con indiferencia—. Le puso a su osito el nombre de Brett, y le da besos en la iglesia.

—¿Qué es lo que hace?

—Y a mí también me besa. Ella desea que yo sea su novio.

—¿Qué dices?

Está de más decir, que en el hogar de la familia Harris hubo una pequeña erupción. Mis padres le notificaron a Brett que él no necesitaba preocuparse por tener novia, y que no debía permitirle a las niñas que lo besaran.

Este incidente nos ilustra graciosamente algo que en realidad no es tan cómico: la presión que recibimos de terceras personas, para que consigamos pareja. Es seguro que lo has experimentado de una u otra manera. Sea por parte de tus amigos, familiares y aun de gente que ni conocemos; todos nosotros en algún momento nos enfrentamos al empuje de conformarnos a las expectativas culturales respecto a las relaciones. La mayoría de las personas a nuestro alrededor esperan que establezcamos noviazgos a corto plazo o que tengamos citas con regularidad. Cuando no lo hacemos, con frecuencia retan nuestro nivel de conducta y a veces se burlan

158

de nosotros, pero siempre hacen muchas, pero muchas preguntas. ¿Cómo debemos responderles?

En este capítulo me gustaría darte algunas ideas sobre cómo comunicar con toda confianza tu decisión de, por el momento, evitar tener citas. Con este fin en mente, te mostraré algunos ejemplos de situaciones que probablemente enfrentarás, y algunos principios que pueden servir como guía aun cuando estés en situaciones difíciles.

Primera escena:
Confrontación en el comedor de la escuela

Sean Missler estaba sentado en el comedor de la escuela terminando su almuerzo de papas fritas y un refresco dulce. Mientras los demás estudiantes se iban del comedor, Randy Johnson se acercó y saludó a Sean mientras sonreía con seguridad.

—¿Qué hay de nuevo, hermano? —preguntó Randy acercándose sigilosamente a la mesa de Sean.

—Nada nuevo. ¿Quieres papas fritas?

—Ah, no gracias —dijo Randy luego de echarle un vistazo a las frías papas.

—Escucha, quiero saber a quién vas a llevar al banquete. Yo iré acompañado de Jenny, y estaba pensando si tú y tu compañera quisieran venir después a mi casa. Mi mamá me dijo que podemos usar el *whirpool* (bañera con agua caliente que se mueve como un remolino). Dios mío, ¿alguna vez has visto a Jenny en traje de baño? ¡Y entonces! ¿Qué me dices?

—Pues, no sé, Randy. No creo...

—¡Vamos hombre! ¿Qué te parece Melissa Summers? ¡Ella luce muy bien!

—No, en realidad yo no...

—¿De qué estás hablando? ¡Por supuesto que quieres! —dijo Randy mientras le daba con el puño a Sean en el brazo.

—Mira Randy, la verdad es que yo no voy al banquete, está bien?

—¿Que no vas al banquete?

—Bueno, sí. Andrew y yo estábamos planeando llevar a mi hermana y a varias chicas de la iglesia a cenar, y luego iremos a mi casa a jugar algunos juegos y otras cosas más.

—¿Juegos?

—Sí, tú sabes, *Scrabble* [un juego para formar palabras] y otros parecidos.

—¿*Scrabble*? Yo te puedo conseguir una cita con Melissa, y lo que quieres hacer es ir a cenar con tu hermana y un montón de chicas perdedoras que nunca consiguen novio, y luego jugar *Scrabble*? ¡Amigo mío, te has vuelto loco!

—No son perdedoras! Lo único que queremos hacer es salir todos juntos como amigos. Ve tú con Jenny, y no me compliques la vida por no querer acompañarte.

—Escucha hermano, no pretendo rechazar a tus amigos. Pero mira Sean, ¿cuándo fue la última vez que saliste, y me refiero a salir de verdad con una linda chica? Hombre, ahora es el tiempo para involucrarnos en toda la acción.

—Claro, gracias por el consejo —dijo agresivamente Sean mientras Randy se disponía a marcharse.

Cuando Randy llegó a la puerta de salida del comedor, se dio vuelta hacia Sean y dijo en voz alta:

—¡Oye Missler! Tengo una grandiosa palabra de siete letras que puedes usar en tu juego de *Scrabble*: ¡A-N-O-R-M-A-L!

—Muy gracioso —dijo Sean entre dientes mientras la risa de su amigo desaparecía por el pasillo.

Respuestas humildes, no rápidas

Si en algún momento te has enfrentado a situaciones similares a esta, entonces sabes lo incómodo que uno se siente. Pero aunque no siempre es fácil, debemos aprender a ser firmes en nuestras convicciones sin sentirnos amargados contra aquellos que no están de acuerdo con nosotros o que se burlan. Al comunicar nuestro punto de vista ante los demás, necesitamos cuidarnos de no sonar como unos cínicos, sarcásticos o a la defensiva.

La revista *Mad*, conocida por su atroz humor y locura, solía tener unos dibujos cómicos titulados "Respuestas Rápidas a Preguntas Tontas". La premisa de los dibujos cómicos era que si alguien hace una pregunta tonta, merece una respuesta igualmente tonta. Por ejemplo, uno de los dibujos mostraba a una persona que le preguntaba a una joven que tenía el tubo del teléfono en la oreja:

—¿Estás hablando por teléfono?

A ló que la joven al teléfono respondía con sarcasmo:

—No, esto es un hisopo gigante que uso para limpiarme el oído.

Hago mención de esto, porque esta actitud es precisamente opuesta a la que debemos demostrar cuando nos pregunten respecto a nuestra decisión de no tener citas. No queremos dar "Respuestas Rápidas a Preguntas Tontas", sino respuestas en espíritu de humildad.

Debemos dar siempre respuestas que honren a Cristo, aun cuando la pregunta nos suene tonta. No queremos que la gente se sienta ofendida al expresarle nuestras creencias; queremos someternos a nuestras propias convicciones, y comunicarlas amorosamente para que las personas las puedan escuchar. Por lo tanto, nuestro primer principio de comunicación es el siguiente:

> *Debemos comunicar nuestra convicciones respecto a las citas con humildad, partiendo del deseo de complacer a Dios, y no ofender a los demás.*

Cuando abordamos un tema desde una perspectiva diferente a la de los demás, podemos caer con facilidad en una mentalidad defensiva y caracterizada por la crítica. Algunas personas que conozco (entre las que me incluyo) hemos expresado nuestra posición respecto a las citas con presunción y espíritu de santurrón. Estas son actitudes completamente erradas. Nos comunicamos y vivimos de acuerdo a nuestras convicciones para complacer a Dios y a los que nos rodean, y no con el propósito de mirar a los demás con desprecio. Dios odia el orgullo y la justicia propia, y debemos evitar tales actitudes cada vez que dialogamos sobre nuestro nivel de conducta.

Escena dos: Tía Tessi

"Naranja, amarillo y dorado", pensó Sarah para sí. "Todo lo que hay en casa de mi tía es de color naranja, amarillo o dorado", meditaba ella distraída mientras tomaba sorbos de té frío en una vieja taza de ositos, de pie en la sala de su casa. En ese momento su mamá y tía Tessi entraron a la sala. Tessi le dio un abrazo a Sarah.

—Mmm, qué rico hueles, Sarah-Barah —dijo ella—. ¿Dónde conseguiste ese delicioso perfume? —y levantando una de sus cejas preguntó—: ¿Te lo regaló un chico?

—Pues sí —respondió Sarah con picardía mientras se dejaba caer al piso junto a la mesita del café. La mamá de Sarah sonrió y se sentó en el cómodo sofá.

—¿Quién? —dijo Tessi prácticamente gritando—. ¿Quién es él? ¿Le estás escondiendo secretos a tu tía? ¿Quién es?

—¡Es papá! —dijo Sarah en tono de triunfo.

—Ooh, eres tan bromista —dijo Tessi sentándose al lado de la mamá de Sarah en el sofá—. Pero hablando en serio, quiero que me cuentes todo sobre tu vida amorosa.

—Aquí vamos otra vez —pensó Sarah mientras pasaba sus dedos entre las fibras de la alfombra dorada. Cada vez que se encontraba con su tía, Sarah tenía que enfrentarse a la misma descarga de preguntas por estar soltera. La tía Tessi no lograba entender el concepto de evitar por el momento, las citas y el noviazgo a corto plazo.

—Oh Tess, no comiences con eso de nuevo, por favor —dijo la mamá de Sarah acudiendo a su rescate—. Sarah sólo tiene dieciséis años de edad, y ya te he dicho que Robert y yo no queremos que tenga citas con nadie. Los chicos de hoy se meten en demasiados problemas; además, Sarah está muy activa en la iglesia, y desea asistir a la universidad. No hay razón para que se distraiga con esos asuntos.

—¡Ella necesita un novio! —dijo Tessi cantando como si no hubiese escuchado ni una sola palabra de lo que su hermana había dicho—. Es una chica tan hermosa; no se le debe privar de tal cosa. ¿Te conté que Angie es novia de un muchacho que estudia en la Universidad Clark? Se conocieron en una fiesta del centro de estudiantes. Él estudia para ser un... Cuando la tía Tessi se empeñaba en algo no había manera de detenerla. Ella continuó hablando por media hora más sobre el nuevo novio de la prima de Sarah, sin detenerse a respirar.

Sarah miró a su mamá, quien suspiró profundamente y le sonrió. Su mamá también ya se había acostumbrado a la tía Tessi. Con la mirada le comunicaba todo su apoyo como diciendo: —No te preocupes, mi niña, estás en el camino correcto. No permitas que te desanimen.

La justificación ha sido demasiado exagerada

Cuando tomas la decisión de por el momento evitar las citas, sin duda alguna te encontrarás con personas como la tía Tessi (si es que ya no tienes alguna relativamente cerca) que no les importa la lógica, los valores o los principios bíblicos. Puedes discutir o entrar en un debate con este tipo de persona hasta que pierdas la cordura, pero aun así continuarán pensando que debes unirte de inmediato al grupo de los que tienen las citas y los noviazgo a corto plazo como estilo de vida.

Al relacionarte con personas como estas, recuerda el siguiente principio:

> *No es necesario que le pruebes a alguien que están equivocados, para hacer lo que sabes es lo correcto.*

No te preocupes por hacer siempre lo que para otros es correcto. Y tampoco espera en secreto que sus vidas se desmoronen, para que puedas entonces vindicar tu opinión. En vez de esto, debes concentrarte en obedecer a Dios en cada área de tu vida, y cuando surja la oportunidad, ayudar a otros a que le obedezcan también. No es necesario que le demuestres a otros su error, para poder continuar en la ruta que Dios ha trazado para ti.

A veces, cuando comparto sobre mis convicciones, la gente se oponen con gran vehemencia a lo que digo. Ellos ven las cosas desde un punto de vista diferente. Y eso está bien. Si ellos continúan involucrados en relaciones las cuales yo creo no son sabias, oro para que Dios les muestre la misma misericordia que a mí me ha mostrado. Lo que no hago es presionarlos con mis ideas; ya Dios obrará en sus vidas a su tiempo.

Uno de los argumentos más convincentes es sencillamente el ejemplo de tu propia vida. Debemos respetar el derecho de la gente de estar en desacuerdo con nosotros y esperar que de alguna manera nuestro ejemplo los acerque más a la obediencia a Dios.

Tercera escena:

El dilema del domingo por la tarde

La familia Taylor se enorgullecía de ser los últimos en salir de la iglesia el domingo por la mañana. Paul, el hijo mayor, hacía ya mucho tiempo que había desistido de convencer a sus padres para que se dieran prisa. Así que mientras sus padres dialogaban felizmente con otra pareja, Paul se excusó y se dirigió hacia el estacionamiento de la iglesia, donde se encontraba reunido un grupo de sus amigos cerca de los autos.

—¡Oye Paul! —escuchó decir a una voz femenina. Era Alisha Johnson.

Alisha era nueva en la Iglesia Preston Valley, pero se había hecho amiga de los chicos en el grupo de jóvenes con bastante rapidez. Era una chica enérgica, divertida, y en la opinión de más de uno de los chicos en la iglesia: "hermosa hasta la muerte".

—¿Cómo estás Alisha? —le preguntó Paul acercándose al grupo—. ¿Qué planes hay para esta tarde?

—¡Paul! —dijo en voz alta uno de los chicos en el grupo—. Pensamos ir a almorzar pizza y luego nos iremos al río. ¿Quieres venir?

—Ven, por favor —dijo Alisha tomándolo del brazo.

Había algo en la manera que Alisha dijo lastimeramente "por favor", que su corazón comenzó a latir con rapidez.

Ella se acercó aun más a él y comenzó a arreglar su corbata.

—Señor Taylor —dijo ella fingiendo seriedad—, tienes que ir con nosotros al río.

—¿Pero, si..? —dijo él tratando de no aparentar nerviosismo por sus atenciones.

—¡Sí! Escucha, aquí está mi auto. Puedes acompañarme hasta mi casa y me esperas mientras me cambio de ropa; y luego nos unimos al resto del grupo para almorzar. Y después que vayamos al río, te puedo llevar a tu casa.

El deseaba decir que sí —cualquier chico le hubiera dicho que sí a Alisha Johnson—, pero Paul reconocía que no era lo correcto. La voz y las acciones de Alisha no eran mensajes sutiles de que ella estaba interesada en él, sólo como un hermano en Cristo. Alisha sabía que él no practicaba las citas, y es cierto que ella no estaba exactamente proponiéndole tener una cita, pero acceder a su petición sería encaminarse en la dirección equivocada. Paul no deseaba involucrarse en una relación romántica. Se imaginó a ambos a solas en la casa de ella —la mamá de Alisha no tenía esposo y trabajaba los fines de semana. Eso no era nada bueno. Luego los dos llegarían solos al restaurante, y el resto del grupo los comenzaría a ver como una pareja de enamorados. Y luego, ella lo llevaría esa noche de regreso a su casa. Era hermosa y divertida; él sabía que necesitaba por ahora mantener el enfoque adecuado. Aceptar ir con ella sólo serviría para enviarle mensajes mixtos sobre una posible relación, y él no podía jugar con su corazón.

—Me encantaría ir —dijo sonriendo con tristeza—, pero a mis padres les gusta que no me aleje mucho de la casa los domingos. Tenemos unos amigos que vienen de visita esta tarde, y me temo que no podré aceptar la invitación.

—Bueno, está bien —dijo Alisha haciendo pucheros mientras regresaba al grupo—. Entonces te veré el miércoles.

—De acuerdo —dijo Paul—. Muchachos, que la pasen bien —le gritó Paul a sus amigos mientras regresaba al templo.

Sus padres ya estaban terminando su conversación.

Casi se acaban las excusas

Paul se enfrentó a un difícil dilema. Soportar el desprecio de los amigos y la burla de los familiares es una cosa, pero tener que rechazar una cita eso sí que es duro. ¿Cómo hacerlo sin parecer un ermitaño? Una chica me envió un mensaje por correo electrónico donde decía: "¡Auxilio! He rechazado dos citas en la última semana. ¡Se me acaban las excusas!"

A esta chica y a Paul, les llegará el momento en que las excusas no serán suficiente. Ellos tendrán que explicar por qué razón no desean en este momento involucrarse en relaciones románticas.

Esto nos lleva al tercer principio de comunicar nuestras creencias sobre las citas y el noviazgo a corto plazo:

Nuestro propósito primordial al comunicarnos con otros debe ser alentarlos en su propio crecimiento.

Este principio significa que a veces debemos explicar detalladamente nuestras convicciones de no involucrarnos en una relación romántica, y en otras ocasiones no. A veces nuestras explicaciones serán de ayuda, de protección a los sentimientos de otros y posiblemente los desafíe. Pero en otras circunstancias nuestra manera de pensar sólo servirá para confundir a los demás, arruinando cualquier oportunidad de crecer naturalmente dentro de una relación, y enviando el mensaje de que somos más santos que nadie.

¿Cómo decidimos cuándo es el momento adecuado para compartir nuestras convicciones con otras personas? No es algo fácil de hacer, pero todos podemos aprender a discernir cuándo es la mejor oportunidad para hacerlo, al comprender los dos tipos de relaciones que hay en nuestras vidas: aquellas que meramente están limitadas a gente conocida, y aquellas que son estables y constantes.

Cuando no me siento cercano a una persona, es rara la vez que emprendo una discusión sobre mi perspectiva personal respecto a las citas. Es posible que las personas que no me conocen bien, puedan interpretar mal mis declaraciones o piensen que los estoy juzgando. Por ejemplo, si una persona que es nueva en la iglesia me pregunta si tengo novia, sonrío amablemente y le respondo que por el momento no estoy involucrado en ninguna relación. Comenzar una discusión sobre los siete hábitos de las citas no saludables resultaría en un daño irreparable.

Por otro lado, a mis amigos cercanos sí les explico sobre mis convicciones. Ellos saben muy bien que no deseo que me "arreglen" una cita con nadie, y que sólo deseo establecer amistades hasta que esté listo para el matrimonio. He compartido esto con mis amigos y les he dado libros y artículos que han servido para influir mi manera de pensar. Sea que mis amigos estén de acuerdo conmigo o no, he tomado tiempo para explicarles mi posición. Esto hace que mi vida sea más fácil, y a la vez, protege sus sentimientos. Por ejemplo: en cierta ocasión hice planes para ir al cine con un grupo de amigos. A última hora todos cancelaron menos una persona, una joven. Pero, como ella estaba al tanto que yo evitaba salir solo con una persona del sexo opuesto, ella me llamó para decirme que teníamos que hacer la actividad en otra ocasión. Sus sentimientos no fueron heridos, y yo no tuve que dar una explicación compleja. Ella me respeta y me ayuda a vivir de acuerdo con mis convicciones.

¿Qué cuando llega el momento de explicar por qué no tienes citas regularmente? Cualesquiera que sean las palabras que uses, debes recordar que la meta al comunicarte no es ganar una discusión o convencer a los que escuchan sobre tu manera de pensar. Si tus amigos están de acuerdo contigo, ¡maravilloso! Pero tu meta principal debe ser comunicar con humildad lo que sientes que Dios te ha mostrado, con el propósito de ayudar a tus amigos y de contribuir a su crecimiento personal.

Al explicar tu posición respecto a las citas, debes asegurarte de hacer declaraciones específicas sobre tu propia vida, y no declaraciones generales sobre los demás. Recuerda, que no es tu responsabilidad vivir la vida de nadie, excepto la tuya. Debes enfocarte en lo que Dios ha hablado a tu corazón. Sé humilde y honesto sobre la manera en que estás tratando de ser obediente. Si mantienes este espíritu de humildad, te darás cuenta de que a menudo los que te escuchan estarán dispuestos a compartir sus preguntas y luchas personales. Esto brinda la oportunidad de poder ofrecer asesoramiento y apoyo.

Ante la injuria, bendecimos

Nuestro motivo principal al comunicar nuestras creencias sobre las citas debe ser servir a los demás. Deseamos promover paz, amor y justicia que resultarán en la gloria para nuestro Dios. Cuando nos sentimos demasiados preocupados por las opiniones que la gente tiene de nosotros, y cuando nos concentramos en probar que tenemos la "razón", es muy posible que asumamos una actitud defensiva y altiva. Pero cuando nuestra prioridad es demostrar a los demás el amor de Dios y nos preocupamos por sus sentimientos, se nos hará cada vez más fácil tomar decisiones sabias sobre lo que hacemos y sobre lo que no debemos decir.

Cuando recibes una de esas miradas que te dicen: ¿No tienes citas? ¿Acaso estás loco?, debes adoptar la actitud del apóstol Pablo al describir el abuso que sufrió por seguir a Cristo: "nos maldicen y bendecimos; padecemos persecución, y la soportamos. Nos difaman, y rogamos" 1 Corintios 4:12-13.

La Biblia nos dice que debemos soportar sin pestañear el dolor de ser ridiculizados. ¿Algunas vez has sentido la injuria por parte de la gente que no comprende tu posición respecto a las citas? En vez de responder con rapidez y a la defensiva, responde con amabilidad, y pídele a Dios que tenga con la gente la misma misericordia que ha tenido contigo.

PARTE CUATRO

¿Y ahora qué?

Capítulo Doce

Redimiendo el tiempo

SACÁNDOLE PROVECHO A LA SOLTERÍA

Mira esto —me dijo mi madre mostrándome una tarjeta—. Hemos sido invitados a una recepción para Jenny y su esposo.

Miré con detenimiento la foto de la pareja.

—No lo puedo creer —dije sorprendido—. ¿Jenny Renquist se casó? ¡Es imposible!

—¿Cómo que es imposible? —preguntó mi madre.

—¡Estaba enamorado de ella en octavo grado! —dije—. ¿Cómo es posible que se haya casado?

—Conoció a un buen chico y se casaron. Esas cosas suceden todo el tiempo.

—¿Y por qué le está sucediendo a todas las chicas que me gustaban? —dije quejándome.

—No has hablado ni pensado en Jenny desde hace años —me reprendió mi madre—. No te vayas a poner melancólico ahora.

—No lo estoy... —dije mientras miraba la foto otra vez—. Mamá...

—¿Sí?

—Creo que mi reloj biológico va corriendo con demasiada rapidez.

—Los muchachos no tienen reloj biológico.

—¿No tienen?

—No.

—Oh.

Boda en el cerebro

Sea que tengas o no tengas un reloj biológico, y si el mismo está funcionando o no, el matrimonio te sorprenderá inevitablemente. Las invitaciones de boda de tus amigos comenzarán a llegar por docenas. De pronto, lo que parecía estar lejos e inimaginable se ha convertido en realidad. Es en este momento de tu vida cuando las personas que están a tu alrededor se enteran de que no estás atado a nadie, y desarrollaran un cierto destello casamentero en sus ojos. Si has llegado a esta etapa, entonces sabes muy bien a lo que me refiero. Todos los que te rodean te hacen pareja mentalmente con cada miembro del sexo opuesto que esté disponible.

Ser soltero y "en edad para casarse" es una condición bastante precaria. Aun cuando el matrimonio no sea tu prioridad en ese momento, está garantizado que lo será en la mente de los que te rodean. Mi familia demostró que esto era cierto el mismo día que cumplí veintiún años de edad. En mi familia tenemos como tradición escribirnos cartas el uno al otro el día de nuestro cumpleaños. Las cartas que recibí ese día me tomaron por sorpresa. ¿Por qué? Por las correspondientes referencias a esa "persona especial" que evidentemente, en la opinión de mis padres y de mi hermano mayor, algún día llegaría a mi vida.

Mi madre comenzó esta tendencia con la siguiente oración: —Sé que será difícil dejarte ir cuando conozcas la persona por la que todos estamos orando y esperando.

"¿La persona por la que todos estamos orando y esperando?", pensé yo.

¡Dios mío, mamá! Eché a un lado su comentario como si proviniera de una persona que padece de S.Q.T.N. (Síndrome Quiero Tener Nietos.)

Encontré la carta muy graciosa, así que la puse a un lado y comencé a leer la de mi padre. La suya estaba repleta de consejos paternales, pero en las últimas líneas tocó el tema del matrimonio: "Finalmente, espero que la conozcas muy pronto, si es que aún no la has conocido. Ella habrá sido preparada por Dios para ti, porque una buena esposa 'viene del Señor'. Cuando creas haberla hallado, sé paciente —no necesitas apurarte. Pero tampoco es necesario que esperes demasiado tiempo. Cásate con ella dentro del año y cuenta con que Dios te ayudará a cuidar de ella."

Tuve que tragar en seco al leer estas palabras. Puse la carta a un lado y la volví a tomar para leer las líneas otra vez. "¿Espero que la conozcas pronto? ¡Guao! Mi padre nunca había hablado conmigo sobre el matrimonio en términos tan serios. Parecía algo tan pesado, tan adulto.

Entonces procedí a abrir la carta de mi hermano y compañero de cuarto de doce años de edad, Joel. Él la diseñó en la computadora de mi padre y me entregó una copia hecha en la impresora a color. "Seguramente que Joel no se ha dejado llevar por esta tontería del matrimonio", pensé yo. Me equivoqué al pensar así. El final de su carta decía lo siguiente: "Me alegra poder compartir la habitación contigo, aunque sé que un día no muy lejano estarás compartiendo tu habitación con otra persona."

No pude contener la risa. Mi madre estaba esperando y orando, mi padre esperaba que conociera pronto a mi futura esposa, y mi hermano ya estaba discutiendo la noche de bodas! Nadie había mencionado nada sobre el matrimonio cuando cumplí dieciocho o diecinueve, o veinte. ¡Pero ahora todos hablaban de lo mismo! De no haberlos conocido bien, hubiera pensado que mi familia se reunió en alguna habitación oscura para planear cómo deshacerse de mí lo antes posible, casándome.

¿Y ahora qué hago?

Aunque la intención de mi familia no era empujarme prematuramente hacia el matrimonio, sus cartas sí me recordaron que había comenzado una nueva etapa en mi vida. En este período de mi vida, el matrimonio ya no es un imposible. Si Dios trae la persona adecuada a mi vida, en teoría ya puedo hacer algo al respecto.

Mientras que la comprensión de este hecho tiene un efecto vigorizante, también es un poco confuso. Dios *aún no ha traído* a la persona adecuada a mi vida. Mis amigos que se han conocido y desean casarse con el "señor o la señorita perfecta", pueden enfrentarse a obstáculos tales como el poner en orden sus finanzas y dónde han de vivir, pero por lo menos saben lo que deben hacer. Ya han trazado un curso que desean seguir. Pero en mi caso, la senda no es tan clara.

Si has llegado a la misma etapa que yo, es posible que te estés haciendo las mismas preguntas que yo me estoy haciendo: ¿El hecho de que ya puedo casarme significa que debo tener como prioridad el encontrar a alguien? ¿Debo suponer que pronto me voy a casar o debo actuar como si nunca lo voy a hacer? ¿Qué se supone que debo hacer *ahora*?

Date prisa mientras esperas

Afortunadamente tenemos una fuente a la cual acudir cuando se nos presentan estas preguntas. He encontrado cierta dirección en el libro de Efesios. Allí Pablo escribe lo siguiente: "Mirad, pues, con diligencia cómo andéis, no como necios sino como sabios, aprovechando bien el tiempo, porque los días son malos." Efesios 5:15-16. Otra traducción lo dice de esta manera: "Así que cuidado cómo viven ustedes. Sean sabios, no ignorantes; aprovechen bien el tiempo... Efesios 5:15-16.

Mi madre suele usar la frase "date prisa mientras esperas" para expresar la misma idea que aparece en este verso. Si mi hermano o yo nos deteníamos a probar de los alimentos mientras ella estaba cocinando la cena, mi madre estallaba como si fuera un entrenador de fútbol hablándole a sus jugadores:

—¡No te quedes ahí parado! ¡Date prisa mientras esperas!

Eso quería decir prepara la mesa para la cena, guarda la compra del supermercado, o echa tu ropa sucia en la lavadora; sé productivo durante el tiempo de calma en el juego.

Mi madre no tolera el tiempo que no se aprovecha. Yo creo que Dios tiene la misma intolerancia. Él nos ha confiado dones y talentos, y espera que los cuidemos y los usemos sabiamente. ¿Le podremos ofrecer el fruto de la inversión que ha hecho en nosotros? Aunque no conocemos cuál es el próximo paso en cuanto a nuestras relaciones románticas se refiere, sí tenemos trabajo que hacer. Tenemos malos hábitos que desechar, buenos hábitos que desarrollar, y un carácter que formar. ¡Tenemos que darnos prisa!

Sí, siempre vamos a tener muchos interrogantes —quizá nunca sabremos con quién o cuándo nos casaremos—. Pero no debemos permitir que aquello que *no sabemos*, se convierta en un obstáculo para actuar en lo que *sí sabemos*. ¿Y qué es lo que sabemos? Sabemos que tenemos el *día de hoy* para actuar con resolución y energía hacia la madurez y el carácter Cristocéntrico, lo cual es un llamado para cada cristiano, ya sea que se case en diez días o en diez años.

Cuando nuestro enfoque está en "redimir el tiempo", no sólo aprovecharemos cada momento al máximo, sino que también nos estaremos preparando para la próxima etapa de nuestra vida. La fidelidad que demostremos hoy en las cosas pequeñas nos garantiza el derecho de poder abarcar mayores responsabilidades en el futuro.

Dándole agua a los camellos

En el Antiguo Testamento leemos sobre Rebeca, una joven mujer que "redimió el tiempo" al cumplir fielmente con sus obligaciones diarias. Podemos aprender varias cosas al volver a estudiar la historia acerca de cómo ella se preparó, conoció y se casó con su esposo. La historia comienza cuando Abraham envía a su más antiguo y fiel sirviente a buscarle esposa a su hijo Isaac en el pueblo donde se había criado. Catherine Vos continúa el relato de la historia de la siguiente manera:

> Por fin, después de varios días de viaje, arribó al lugar donde vivía Nacor, el hermano de Abraham. La ciudad se llamaba Harán. Fuera de la ciudad había un pozo de agua. En un país tan seco a menudo había sólo un pozo para toda una ciudad. Todas las noches las jóvenes de la ciudad iban al pozo, cargando grandes vasijas sobre las cabezas. Bajaban sus vasijas al pozo y sacaban agua. Entonces regresaban a sus casas con las vasijas llenas de agua sobre sus cabezas para ser usadas por la familia.
>
> Cuando el sirviente de Abraham llegó a Harán, hizo arrodillar a sus camellos cerca del pozo. Era de noche —cerca de la hora cuando las jóvenes se reunían a sacar agua del pozo.
>
> El sirviente de Abraham creía en Dios. Había tenido un viaje sin contratiempos y por fin llegó a la ciudad a la cual Abraham lo había enviado. Pero pensó: "¿Cómo voy a saber cuál de las jóvenes es la que Dios desea como esposa para Isaac?" Se arrodilló en la tierra al lado del pozo e inclinó su rostro. Y oró diciendo: "¡Oh Señor, Dios de mi amo Abraham, ayúdame en este día! Cuando las hijas de los de la ciudad se acerquen a sacar agua y yo le diga a una de ellas: 'Te ruego que bajes tu cántaro y dame de beber', y si ella me dice: 'Bebe tú, y también les daré de beber a tus camellos'; permite que esa sea la que has escogido como esposa para Isaac.
>
> A menudo Dios contesta oraciones casi antes de que pidamos, y así fue como lo hizo en esta ocasión. Antes que el sirviente terminara de orar, una muchacha muy hermosa llamada Rebeca se acercó al pozo.

El sirviente pensó: ¿Podrá ser esta? Él corrió hacia ella y le dijo: —Te ruego que me des de beber de tu vasija.

La joven le dijo cortésmente: —Bebe mi señor, y yo sacaré agua para tus camellos también.

La joven bajó la vasija de su cabeza y le dio de beber. Entonces vació el resto del agua en la pila donde bebían los camellos, y continuó sacando agua hasta que todos los camellos se saciaron.

El sirviente estaba asombrado porque ella dijo e hizo tal y como él había orado. ¿Había sido contestada su oración tan pronto? Cuando los camellos bebieron suficiente agua, él le obsequió a Rebeca un anillo de oro muy caro que había traído, y puso en sus brazos dos hermosos brazaletes de oro.

Entonces le preguntó: —¿De quién eres hija? ¿Hay espacio en la casa de tu padre donde podemos hospedarnos?

Ella respondió: —Soy nieta de Nacor. Tenemos suficiente espacio en nuestra casa para que se hospeden con nosotros, y tenemos paja y alimento para sus camellos.

Nacor era el hermano de Abraham. Cuando el sirviente escuchó esto, sintió tanta felicidad que inclinó su rostro, se arrodilló en tierra y adoró diciendo: —Bendito el Señor Dios de mi amo Abraham, quien me ha traído hasta la casa de la familia de mi amo.

El resto de la historia (puedes leerla en Génesis 24) relata cómo Rebeca tomó en dos días, la decisión de regresar junto con el sirviente de Abraham para casarse con Isaac, un hombre a quien nunca había visto.

No hay duda de que esta es una historia asombrosa. En esa época, éstos sucesos eran considerados asombrosos; hoy, separados por miles de años y por culturas muy diferentes, encontramos que son aun más asombrosos. Sin embargo, al igual que toda la Palabra de Dios, podemos aprender una gran lección de esta historia, que trasciende tiempo y cultura.

Aunque no estudiamos esta historia como un modelo para todas las parejas que se tienen que conocer y casar, sí podemos aprender mucho de las acciones y actitudes de Rebeca. En un artículo titulado "La Aventura de las Obligaciones Cotidianas", el autor Gregg Harris señala el principio clave de esta historia: "Rebeca pudo tener un encuentro dentro del plan divino para su vida, porque estaba cumpliendo fielmente con sus presentes obligaciones".

Para Rebeca, su salida al pozo esa noche no tenía nada especial. Ella hacía el mismo viaje todas las noches y probablemente le había dado de beber a unos cuantos camellos más. Sin embargo, a pesar de que su labor era muy común, ella tenía pies ligeros y la disponibilidad para servir a los demás. Fueron estas cualidades las que la colocaron en el lugar adecuado, en el momento adecuado, con la actitud adecuada, justo cuando la intención de Dios era que ella formara pareja con Isaac.

Cada uno de nosotros tenemos nuestros camellos a los que hay que darles de beber —relaciones y responsabilidades que al presente podemos con facilidad estar tomando por sentado—. Si somos sabios, comenzaremos a ver nuestras obligaciones no como formas intrascendentes de pasar el tiempo, sino como el trampolín que nos impulsa hacia el plan y el propósito de Dios para nuestro futuro.

Comienza a practicar desde ahora

Evalúa por un momento tus actitudes. ¿Estás tan entretenido soñando con el matrimonio que estás descuidando tus responsabilidades como hijo, hija, hermano, hermana o amigo? ¿O estás redimiendo el tiempo, y cumpliendo con los propósitos que Dios ha puesto en tus manos hoy?

No podemos pasar por alto las responsabilidades del presente, y esperar que por arte de magia vayamos a lograr la fuerza de carácter y la virtud que nos convertirá en buenos esposos y esposas. Si no somos fieles y estamos creciendo en las relaciones que ahora gozamos, después no estaremos preparados para alcanzar la fidelidad y el crecimiento en el matrimonio.

Algún día yo quiero llegar a ser un esposo piadoso. Deseo poder cuidar de mi futura esposa, respetarla y protegerla. ¿De qué manera puedo prepararme para ello? Creo que Dios me ha dado una madre y una hermana para que aprenda a practicar cómo comprender y honrar a las mujeres. Si no puedo servir a mi madre y a mi hermana hoy, ¿qué me hace pensar que estaré preparado para amar y servir a mi esposa en el futuro? Debo comenzar a practicar desde ahora. Lo opuesto le ocurre a las chicas con sus papás y hermanos. Las chicas pueden apreciar la relación que tienen con los hombres en sus vidas como sesiones de entrenamiento donde pueden aprender a amar y respetar a sus futuros esposos.

El matrimonio no nos va a transformar en gente nueva; lo único que hará es actuar como un espejo, demostrando quiénes somos en realidad. Es hoy cuando debemos poner en práctica lo que deseamos ser en el futuro. Vamos a examinar algunas áreas en las que podemos trabajar mientras somos solteros:

Practica la intimidad. Aunque debemos evitar la intimidad prematura en nuestras relaciones románticas, sí debemos practicar la intimidad en otras relaciones donde hay un compromiso, comenzando con nuestras familias. Dios nos ha dado familias para que aprendamos el arte de compartir la vida.

Cierta amiga mía llegó a comprender que había desarrollado malos hábitos de comunicación con sus padres. Cada vez que sus padres intentaban hablar con ella, se cerraba y rehusaba compartir sus sentimientos.

—Por fin me di cuenta —me dijo ella—. Si no permito que los que están a mi alrededor se acerquen, algún día haré lo mismo con mi esposo.

Tratando de remediar esta situación, mi amiga, ahora procura diligentemente desarrollar intimidad y franqueza con su familia. En vez de retirarse sola a su habitación después de la cena, trata por todos los medios de compartir y hablar con ellos. En vez de alejarlos de los pormenores de su vida, ahora los invita a entrar y a participar. Este proceso, el cual no fue nada fácil al principio, no sólo fortaleció sus actuales relaciones importantes, sino que también le enseña a desarrollar destrezas que algún día va a necesitar como esposa.

Practica buscar a Dios junto a otros.. Un amigo recién casado me contó que antes de casarse, él acostumbraba pasar tiempo a solas sin interrupciones durante las mañanas, para orar y escribir en su diario. Ahora que estaba casado, tuvo que separar tiempo para el tiempo devocional y la oración junto a su esposa, como así también un tiempo personal para estar a solas.

—¡Nunca me imaginé lo confuso que podría ser coordinar la vida espiritual de dos personas! —me dijo él.

Cada uno de nosotros debe desarrollar una relación dinámica y de crecimiento personal con Dios. Esto involucra practicar las disciplinas de la oración, meditación, estudio bíblico, enseñanza bíblica y participación en la iglesia local. Pero al prepararnos para el matrimonio, también debemos aprender a buscar a Dios junto a otra persona. Es necesario volver a decir que no debemos cumplir con estas disciplinas procurando un interés romántico, hasta que no estemos preparados para una intimidad comprometida. Pero sí podemos desarrollar este hábito con otras personas importantes en nuestra vida. Puedes comenzar este proceso con algún familiar, y luego incluir el estudio de la Palabra y la oración con amigos de la iglesia con quien no estás involucrado románticamente.

Aprende a compartir con otros las lecciones que Dios te enseña.

Aprende a orar con otra persona. Sé honesto respecto a tus áreas de debilidad, y pídele a Dios que provea un amigo de confianza a quien le puedas dar cuentas por tus acciones y por tu crecimiento espiritual.

Recientemente estuve compartiendo con un grupo de cuatro amigos —un chico y tres chicas—. Habíamos pasado el día entero haciendo un recorrido a pie por las montañas, y luego regresamos a mi casa para descansar y dialogar. Una de las chicas comenzó a hablar sobre la manera en que Dios había tratado con ella respecto a varios asuntos relacionados con la obediencia. Su testimonio resultó en un tiempo espontáneo de oración, donde todos nos tomamos de las manos, adoramos a Dios, y presentamos nuestras necesidades ante Él. No fue un tiempo forzado o un espectáculo inusual en el que "decidimos hablar sobre Dios" para aparentar espiritualidad; sencillamente estábamos compartiendo sobre el aspecto más real de nuestras vidas —Jesús—. ¡Qué ejemplo tan asombroso de lo que significa redimir el tiempo! No sólo nos edificamos mutuamente, también aprendimos a buscar de Dios uno al lado del otro. Esta transparencia, y la habilidad de hablar sobre temas espirituales, es lo que algún día va a sostener nuestros futuros matrimonios.

Practica la responsabilidad financiera. No sólo necesitamos aprender a ganarnos el dinero y mantenernos a nosotros mismos, también necesitamos aprender a manejar nuestro dinero responsablemente. Ahora es el momento para aprender a manejarnos con un presupuesto, ahorrar y diezmar en forma regular.

Por varias semanas, mis padres se reunieron conmigo y otros dos amigos, para ayudarnos a desarrollar un presupuesto personal. Una de las tareas que se nos asignó fue registrar cada centavo que fuéramos a gastar en una semana. ¡Qué ejercicio tan revelador! Yo ignoraba completamente la cantidad de dinero que gastaba en comer fuera de mi casa. Y aunque todavía salgo a cenar, le he puesto un límite a la cantidad que puedo gastar en un mes. Otro individuo que conozco, se percató que gran parte del cheque que cobraba en la tienda de ropa donde trabajaba, ¡lo estaba gastando allí! Tomó la decisión de recortar sus gastos de ropa, y comenzó a ahorrar y a dar más.

Debido a que nosotros los solteros no tenemos tantas responsabilidades como las que tienen los casados, podemos desarrollar con facilidad malos hábitos al gastar nuestro dinero. Al usar nuestro dinero, tenemos que asegurarnos de no desarrollar patrones que vayan a poner en peligro un matrimonio, o más importante aun, malgastar los recursos de Dios.

Además de aprender sobre cómo hacer un presupuesto, balancear la chequera, pagar el seguro médico y del auto, también necesitamos aprender a establecer nuestra filosofía personal sobre las finanzas. ¿Qué estilo de vida desea Dios que vivamos? ¿Cuál es Su perspectiva respecto al dinero y las posesiones? Dejar sin respuestas estos asuntos, puede causar grandes tensiones y serias penas en el matrimonio, si es que malgastamos nuestras vidas procurando conseguir cosas de manera equivocada.

Un libro que me ha servido de gran ayuda en esta área es *Money, Possessions and Eternity* ["El dinero, las posesiones y la eternidad"] escrito por Randy Alcorn, y publicado por Tyndale House Pub., Wheaton, IL. También Larry Burkett tiene escritos varios libros excelentes y guías de estudio sobre asuntos prácticos relacionados con las finanzas y muchos de estos libros han sido realizados para jóvenes adultos.

Practica la paternidad. Los hijos no son uno de los riesgos del matrimonio; ellos son una de sus recompensas. Y la tarea de convertirse en un buen padre o una buena madre comienza mientras estamos solteros. Es ahora que podemos tomar consejos de los que ya son veteranos y poner en práctica aquellas cualidades de la paternidad que deseamos sean ejemplos a favor de nuestros futuros hijos.

Podemos usar las presentes relaciones para prepararnos. Dios me ha bendecido con cinco hermanos cuyas edades oscilan entre los dos y los trece años de edad. Y aunque ser padre es completamente diferente a ser hermano, sí puedo "practicar" la paternidad invirtiendo tiempo en las vidas de mis hermanos, al tratar con todas mis fuerzas de dirigirlos hacia una vida de piedad, e incluirlos en mis actividades. He tenido que cambiar unos cuantos pañales; he alimentado, bañado y vestido a mis hermanos y hermanas. Al hacerlo, aprendí un poco sobre las responsabilidades y el gozo que son parte de la paternidad.

Procura identificar aquellas oportunidades que te permiten practicar y aprender ahora, sea que tengas hermanos o no. Me siento inspirado por Jeanne, una amiga de la familia, que toma este tiempo de entrenamiento con la debida seriedad. Por ser la menor en su familia, nunca tuvo la oportunidad de estar alrededor de niños pequeños. Como medio de recobrar el tiempo perdido, Jeanne se ha ofrecido de voluntaria como "ayudante de mamá" —sin cobrar un centavo— en una familia que tiene siete niños. Un día por semana, ella va a la casa de la familia y se convierte en aprendiz en todas las actividades del hogar incluyendo cuidar niños, cocinar, lavar ropa y limpieza general.

Otro aspecto importante de la preparación para la paternidad es observar a los buenos padres en acción. Puede que tengas o no tengas, buenos padres en tu hogar; si no los tienes, debes buscar alguien en tu iglesia que te sirva como modelo. Cierto amigo me dijo que él trata de observar y pasar tiempo con aquellos hombres a quienes él desea imitar. Él se hace las siguientes preguntas: "¿De qué manera estos hombres piadosos administran la disciplina? ¿De qué manera enseñan e instruyen a sus hijos?" Aunque no recibe créditos universitarios por su esfuerzo, presiento que este estudio logrará grandes resultados cuando un día tenga que enfrentarse a la más grande de todas las pruebas que un hombre pueda tener: ser papá.

Practica las habilidades de la vida diaria. ¿Qué son destrezas prácticas de vivencia diaria? Sólo pídele a tus padres que te permitan tomar responsabilidad sobre el mantenimiento del hogar —incluyendo hacer las compras, planificar el menú y cocinar la cena por un par de meses— y pronto lo sabrás.

Aunque es muy cierto que estas no son destrezas encantadoras, sí son un aspecto muy importante de la administración de un hogar. No hay ninguna excusa para no estar preparados en estas áreas y la mejor preparación se consigue al hacerlas.

Hace algunos años, mi madre me dio la responsabilidad de hacer la compra de alimentos para toda la familia. También me había encargado que preparara la cena durante una semana. Al principio, no siempre cociné para mi familia los platos más apetitosos, pero fui mejorando!

Y aunque sí he mejorado en mis destrezas en la cocina, todavía no estoy lo suficientemente preparado en el área del mantenimiento del hogar. Estoy seguro de que tú también tienes tus puntos débiles. ¡Pongámonos a practicar para mejorar nuestra situación! Si no sabes donde comenzar, siéntate con tus padres o con un hombre o mujer piadoso de tu iglesia, y pídeles que te preparen un bosquejo de las habilidades necesarias para administrar un hogar. Escríbelas y establece un plan con el fin de llegar a tener dominio sobre cada una de ellas.

¡El matrimonio no es la meta final!

Quizá las cosas que he dicho hasta ahora han calado profundamente en ti, o tal vez puedes pensar en alguna manera en que puedas redimir tu tiempo, y así sentirte que estás usando tu soltería para la gloria de Dios. ¿Qué cosa puedes poner en acción hoy mismo?

Cada uno de nosotros puede escoger maneras de prepararse para el matrimonio, si es que esta es la voluntad de Dios para nuestras vidas; pero debemos recordar cuáles son las verdaderas razones para dicha preparación. La preparación para el matrimonio es el resultado de un crecimiento y madurez en el carácter y semejanza de Cristo. Y a pesar de que el matrimonio es algo opcional, el fomentar cualidades que nos asemejan a Cristo no lo es. Cada uno de nosotros debe desarrollar amor, humildad, paciencia, perdón y responsabilidad.

Como solteros, parte de nuestra mayordomía involucra aprender esas habilidades que vamos a necesitar algún día en el matrimonio. Pero el matrimonio no es la meta final. Estadísticamente hablando, la mayoría de nosotros algún día nos vamos a casar. Pero necesitamos asegurarnos de que estamos "redimiendo el tiempo" con el fin de glorificar a Dios, y no para lograr su aprobación, para luego sentirnos con el derecho de demandar del matrimonio. Nosotros nos preparamos y desarrollamos nuestro carácter con el propósito de ser tan flexibles y útiles para Él como nos sea posible, sin importar los planes que tenga para nuestro futuro. Nuestro reloj biológico puede marcar el tiempo al ritmo que quiera; ¡redimamos el tiempo hoy!

Capítulo Trece

Listo para la cama, pero no para el sacrificio

CÓMO DESARROLLAR UNA VISIÓN BÍBLICA Y REALISTA DEL MATRIMONIO

Estando aún en la escuela superior, tuve la oportunidad de dirigir una pequeña compañía de producción que tenía por nombre "Hizway Wedding Videography", y nuestro trabajo era filmar las bodas. Esta ocupación, era una manera muy interesante de ganarse la vida.

Una pareja que estaba comprometida para casarse, me contrataba para que yo filmase su boda, y de esta manera podían tener un recuerdo de cada detalle de este evento tan especial. El día de la boda yo llegaba a la iglesia varias horas antes cargando mi cámara, luces, trípode y equipo para mezclar el sonido. Estaba todo el tiempo filmándolos, o mejor dicho, entrometiéndome en cada momento memorable. En la cinta pude grabar a las señoras protestando por el velo de la novia; a través del lente pude participar de la nerviosa conversación entre el novio y el padrino. Durante la ceremonia grabé la música especial, la ceremonia donde se encienden las velas y el intercambio de votos matrimoniales. En ese preciso momento, acerqué el lente para captar de cerca el beso.

Durante la recepción, pude inmortalizar imágenes de invitados que devoraban sin control los aperitivos, los refrescos, lo jugos y los caramelos de menta tan acostumbrados en las bodas. Por supuesto, no podía olvidar el momento en que los novios partían el pastel de bodas; la novia tirando el ramo, y el novio tirando la liga de la novia o el evento final cuando entre una lluvia de alimento de pájaros, la feliz pareja entra deprisa en el auto que los espera y se alejan a toda velocidad. (Cierta pareja me solicitó que los acompañara hasta el aeropuerto para que grabara el momento cuando se subían en el avión rumbo a Hawaii... ¡ellos estaban con su ropa de boda todavía!)

Pero para mí el verdadero trabajo comenzaba *después* de la boda. Mientras los novios disfrutaban su luna de miel, yo tenía que pasar varios días mirando un monitor, editando varias horas de grabación para hacer un video de sólo sesenta minutos. A esta grabación yo le quitaba los contratiempos y errores, para que todo se viera perfecto.

Al mirar la obra final de cualquier grabación, sin conocer todos los cortes y arreglos que yo tenía que hacer, cualquiera hubiese creído que la boda se efectuó sin el más mínimo contratiempo. Nadie se hubiese enterado de que la madre de la novia y la hermana discutieron ferozmente porque no se ponían de acuerdo sobre la manera de sostener el velo, o por el hecho de que los esmoquin casi no llegan a tiempo o porque el sobrino tenía la mano metida en la ponchera. En un video que ha sido previamente editado, todo fluye con naturalidad, la novia y el novio parecen estrellas de cine en su propia película, y la suave música de fondo le da a todo el acontecimiento un aire de cuento de hadas.

Todos se ve muy hermoso y romántico, pero no es la pura realidad.

Una visión editada del matrimonio

Desafortunadamente, muchos jóvenes adultos tienen una perspectiva del matrimonio que es tan limitada y tan irreal como los videos de las bodas que yo solía crear. Estas personas piensan que la vida matrimonial no es más que un gran y excitante momento tras otro, donde las partes comunes del diario vivir matrimonial son editadas y sacadas con cuidado de la grabación.

Una amiga me dijo en cierta ocasión, que las chicas en su dormitorio invertían horas mirando con detenimiento las revistas de bodas. Seleccionaban sus vestido de boda y el de las damas del cortejo. Comparaban constantemente unas con otras sus anillos de compromiso. Mi amiga se irritaba ante toda la atención y energía y que estas jóvenes dedicaban a lo que en realidad es una pequeña parte del estar casado. "El matrimonio es mucho más que una ceremonia de bodas" escriben Gari y Betsy Ricucci en su libro titulado *Love that Lasts* ["El amor que perdura"]. "Una boda es un acontecimiento, pero el matrimonio es un estado. No es un acto que ocurre una vez y nada más; es un compromiso para toda la vida el cual ha de ser desarrollado y mantenido. Uno sólo puede esperar que esas jóvenes le dediquen algún tiempo a pensar en lo que vendrá *después de la fiesta de bodas. ¿Estarán ellas preparadas para el desarrollo y el mantenimiento que va a demandar el matrimonio?*

Las jóvenes no son las únicas responsables de reducir el matrimonio a un aspecto en particular. Los varones también tenemos una perspectiva bastante inmadura sobre el matrimonio. Me avergüenza tener que admitir que lucho con la tendencia de considerar equivalente el matrimonio con el sexo. Cuando pienso en estar casado, casi de inmediato pienso en ir a la cama con mi esposa, ¡como si eso fuera lo único que la gente casada hace! Sí, por supuesto que los esposos y esposas tienen relaciones sexuales, y no hay nada de malo en anhelar participar en esa área tan importante de la vida matrimonial, pero esto no debe ser mi máxima ambición. Si alimento la idea del sexo como el propósito primordial y el fin del matrimonio, de seguro que algún día ingresaré al matrimonio sin la preparación adecuada y me enfrentaré a una desilusión grande y segura. Quizá estoy listo para la cama, pero ¿estaré listo para el sacrificio de la vida matrimonial?

¿Y tú? ¿Te encuentras concentrándote en un sólo aspecto del matrimonio, a expensas de excluir todos los demás aspectos? O tienes una perspectiva amplia y completa de lo que esto implica, y te estás preparando para todo lo que el matrimonio será.

Considerándolo todo debidamente

Como solteros nos enfrentamos a la importante tarea de cultivar una comprensión bíblica y equilibrada del plan de Dios y de su propósito para el matrimonio. En las palabras de un antiguo sermón matrimonial: "el matrimonio no debe ser algo en lo que uno se involucra a la ligera para satisfacer los deseos carnales y los apetitos del hombre, sino con reverencia, con discreción, deliberadamente, con sobriedad y en el temor de Dios, después de considerar debidamente las causas por las cuales fue ordenado el matrimonio".

Estas palabras poseen un significado de gran valor, y nos presentan un vivo y amplio retrato de lo que es esta unión. *Reverencia* significa "un profundo respeto mezclado con asombro". *Discreción* significa "discernimiento o buen juicio". Hacer algo *prudentemente* significa "considerarlo con mucho cuidado". Y acercarnos a algo con *sobriedad* significa "ser equilibrado, no dejarse afectar por la pasión, las emociones o por el prejuicio".

¿Definen estas cualidades nuestro sentir respecto al matrimonio? Desafortunadamente en la mayoría de los casos la respuesta es "no". He escuchado a personas darle validez a la unión entre dos seres sólo porque, en su opinión, los dos que se casan tendrán hijos hermosos. Quizá sea cierto, y no hay nada de malo en tener hijos hermosos, pero si le damos importancia a un asunto como ese, obviamente no es muy alta la meta que tenemos acerca del matrimonio. Debemos echar a un lado la infantil idea de que el matrimonio es algún tipo de juego o un "Baile de gala de graduación" para adultos, en el cual ser una linda pareja es lo que más importa.

En lugar de esto, debemos regresar a la sobriedad dándonos una fría ducha de realidad. Necesitamos entender cuál es el propósito de Dios para el matrimonio al igual que nuestras responsabilidades dentro del mismo. Afortunadamente, la Palabra de Dios nos habla de estos dos aspectos en términos muy claros y definidos. La pareja Ricucci escribe lo siguiente en su libro titulado *Love That Lasts* ["El amor que perdura"]: "No tienes que pasar mucho tiempo leyendo la Biblia para quedarte asombrado ante la perspectiva de Dios respecto a esta sagrada y significativa relación". Gari Y Betsy continúan dando un bosquejo en su libro sobre este aspecto, y me han dado permiso para extraer (y hacer una leve adaptación para solteros) la sección en la cual ellos responden a la pregunta: "¿Qué es el matrimonio?"

El matrimonio es la primera institución (Génesis 2:22-24). Fue instituido antes que la familia, antes que el gobierno civil —aun antes que la Iglesia.

El matrimonio representa la unión sobrenatural entre Jesús y la Iglesia (Efesios 5:31-32). Una de las más hermosas analogías usadas por Dios para definir su relación con nosotros es el matrimonio. Poder comprender esto es causa de inspiración y gran asombro. La gente debería poder mirar nuestros matrimonios y decir: ¿Entonces es así la Iglesia? ¿Es eso lo que significa tener una relación con Jesús?

La intención de Dios es cultivar el mismo amor, abundante e incondicional que tiene con nosotros, dentro de la relación entre esposo y esposa. El matrimonio es un misterio profundo y maravilloso, establecido por Dios para su gloria.

El matrimonio es el acontecimiento que Dios ha seleccionado para la consumación de todos los tiempos (Apocalipsis 19:7). Dios ha tenido a su disposición por lo menos dos mil años para hacer los preparativos en honor a Su Hijo al final de los tiempos. Es significativo el hecho de que Dios no ha planificado la coronación del Cordero, o la graduación del Cordero. En vez, Dios ha instituido que se celebre la fiesta de Las Bodas del Cordero. Con razón nos sentimos tan profundamente emocionados cuando la novia desfila por el pasillo de la iglesia hacia el altar. El matrimonio es un don maravilloso y santo, y un día, cada uno de nosotros será llamado a dar cuenta por la mayordomía de este don.

El matrimonio hay que honrarlo (Hebreos 13:4). La Versión Ampliada de La Biblia en referencia a este versículo observa que el matrimonio debe ser considerado como algo de valor y alta estima, precioso, de gran precio, y especialmente querido. Esto requiere que lo protejamos de todo pensamiento que pretenda deshonrarlo o empequeñecerlo.

Cuando yo (Gary) voy al supermercado para comprar leche y pan, siempre le compro flores a Betsy. En cierta ocasión, cuando me acerqué al empleado para pagar, él me dijo en broma: —¿Qué sucede, te han echado de la casa? —hubiera sido muy fácil reír junto con él y de esta manera unirme al chiste, pero quise que supiera que mi matrimonio era importante para mí. Ante mí estaba la oportunidad de retar su falso concepto, y de sembrar en su mente una semilla de esperanza respecto al tremendo potencial que hay en el matrimonio. Entonces, sin tratar de sonar como un santurrón le respondí—: No, simplemente amo a mi esposa.

Tu futura esposa ha sido creada a imagen y semejanza de Dios, por lo tanto, tu relación matrimonial es una relación sagrada.

Los autores Ricucci también dicen en su libro que debemos aprovechar "cada oportunidad que se nos presente para defender la santidad del matrimonio". Y aunque sus comentarios están dirigidos a la gente casada, yo creo que los solteros también podemos defender la santidad del matrimonio.

¿Cómo hacerlo? Al principio les hablé sobre mi amiga cuyas compañeras de dormitorio tenían una percepción del matrimonio que no trascendía más allá de una sencilla discusión sobre anillos de compromiso y trajes de boda. ¿De qué manera ella podría haber defendido la santidad del matrimonio en una situación como esa? Sin disminuir el entusiasmo de las demás chicas sobre su futura boda (ellas tienen el derecho de sentirse emocionadas al pensar en el gran día), pudo haberlas ayudado al recordarles con gentileza otros aspectos importantes de la vida matrimonial. Ella les pudo haber hecho preguntas tales como: ¿De qué manera piensan criar sus hijos? ¿Van a mantener las vías de comunicación siempre abiertas con sus esposos? Este tipo de pregunta puede animarnos a desarrollar una perspectiva personal equilibrada sobre el matrimonio.

En mi caso, la próxima vez que un grupo de mis amigos varones comience a discutir el tema del matrimonio, sencillamente como la oportunidad de tener relaciones sexuales, yo puedo, una vez que haya ajustado mi propia actitud al respecto, retar su inmadura y limitada perspectiva. Aunque soy soltero, me puedo ayudar a mi mismo y a otros solteros, a desarrollar una perspectiva más alta de lo que es el matrimonio al rechazar las actitudes y las palabras que desestiman o reducen el matrimonio del lugar de honor que Dios le ha otorgado.

¿De qué manera tú puedes animar a otros a que tengan el matrimonio en alta estima?

El crisol del matrimonio

El último consejo en la exposición de los Ricucci merece toda nuestra atención. Ellos escriben lo siguiente:

El matrimonio es un proceso purificador. Los conflictos sucederán en todos los matrimonios. Cuando hay algún problema que estalla entre ambos cónyuges, es muy fácil echarle la culpa al otro. ¡Si tan sólo dejaras el aire acondicionado encendido cuando la temperatura sube de esta manera, yo no me tendría que enojar tanto! El hecho es que tu cónyuge no es el responsable por tu pecado, simplemente estás revelando lo que ya hay en tu corazón. El mejor regalo de bodas que Dios te puede dar es un espejo llamado "tu cónyuge". Si Dios le fuera a añadir una tarjeta al regalo, la misma diría: "Este regalo es para que descubras quién eres verdaderamente. ¡Felicidades!"

A la distancia, los solteros perciben el destello de la vida matrimonial, y sólo piensan en el calor que les hará sentir. Y de muchas maneras así será. Pero se nos olvida que Dios desea que usemos el fuego del matrimonio no sólo para que disfrutemos de su comodidad, sino para que también seamos purificados y limpiados de nuestro egoísmo y pecado. Nos acercamos al fuego del matrimonio para calentarnos las manos; ¡Dios desea echarnos en el fuego!

No quiero dar la idea de que el matrimonio es todo dolor e incomodidad; pero tampoco que el matrimonio será un ininterrumpido éxtasis de plenitud personal. Si no nos damos cuenta de esto, a tiempo, nuestro matrimonio resultará ser extremadamente incómodo. En su libro *The Mystery Of Marriage* ["El misterio del matrimonio"], el autor Mike Mason escribe lo siguiente: "El matrimonio santo, al igual que las demás órdenes santas, nunca fue establecido como una posición cómoda para la gente vaga. Al contrario, es un programa sistematizado de sacrificio personal deliberado y a fondo... En realidad el matrimonio es un curso de acción bastante drástico... Es un paso radical que no ha sido diseñado para nadie que no esté preparado, y verdaderamente ilusionado por rendir su voluntad y someterse de todo corazón a la voluntad de otro".

Tan pronto como nos sea posible, debemos disipar toda idea egoísta, de que el matrimonio tiene que ver primordialmente con lo que le podemos sacar, en vez de con lo que podemos dar.

Pequeñas letras impresas en los sueños

La columnista de consejos Anne Landers ofreció en cierta ocasión algunos consejos prácticos sobre la difícil tarea del matrimonio. Uno de sus lectores se lamentó por las ideas poco realistas que muchas jovencitas expresaban respecto al matrimonio, y le rogó diciendo: "Anne, ¿por qué no les dices la verdad? A lo cual Anne Landers respondió:

He tratado de decirles la verdad a las chicas, desde la ciudad de Anchorage hasta Amarillo.

Les he dicho que todos los matrimonios son felices. Que vivir juntos es lo difícil.

Les he dicho que un buen matrimonio no es un regalo. Es un logro.

Que el matrimonio no es para los niños. Se necesita valentía y madurez.

El matrimonio es lo que separa a los niños de los hombres y a las niñas de las mujeres.

Les digo que el matrimonio se prueba a diario por medio de la habilidad de llegar a un acuerdo.

El hecho de que sobreviva puede depender de si eres lo suficientemente inteligente para saber si en algo vale la pena una pelea; o si cierto asunto no vale la pena ni siquiera mencionarlo.

El matrimonio significa dar, y más importante aun, significa perdonar.

Y casi siempre es la esposa quien hace ambas cosas.

Y como si esto no fuera suficiente, ella debe estar dispuesta a olvidar aquello que perdonó.

Oh, claro que les he dicho la verdad.

Si ellas no captan el mensaje, querido, es sencillamente
    porque no quieren hacerlo.
Los bifocales nunca los hacen con cristales color rosa,
    sencillamente porque nadie desea leer las letras pe-
    queñas impresas en los sueños.

Cuando soñamos despiertos con el matrimonio, también
se nos olvida que realmente es un trayecto de actitudes fuertes.
Leemos los atractivos titulares, pero se nos olvida leer las letras
pequeñitas impresas al final del artículo. ¿Qué nos dicen estas
pequeñas letras? Que los buenos matrimonios requieren trabajo, paciencia, autodisciplina, sacrificio y sujeción. Nos dicen
que los matrimonios de éxito necesitan de "valentía y madurez", y debemos añadir, una comprensión bíblica sobre el
propósito y el plan de Dios para nuestra vida matrimonial.
Sólo cuando cultivemos estas cualidades y disciplinas, entonces podremos cumplir con nuestras responsabilidades y expe-
rimentaremos el verdadero gozo y plenitud en el matrimonio.

Lo suficientemente hombre como para responder

Deseo terminar este capítulo extendiéndole un reto a los
varones jóvenes. Mientras que los consejos de Anne Landers
para las chicas les hace un llamado a despertar de sus sueños
infantiles, y a que comprendan que el matrimonio implica
trabajo, el siguiente poema titulado: *A Woman's Question*
["Pregunta de mujer"], por la autora Lena Lathrop, les habla
particularmente a los varones. Aún me da escalofríos cada vez
que lo leo.

Las palabras de Lathrop me hacen ver el niño inmaduro
que en realidad soy. Las mismas hacen que me detenga en mi
proceder, y me retan a ser suficientemente hombre para tratar
debidamente a una mujer. Algunos de los versos pueden sonar
antiguos, pero su mensaje es eterno.

¿Reconoces que has pedido la cosa más costosa
Jamás hecha por la Mano del Creador?
El corazón de una mujer, y la vida de una mujer...
Y el maravilloso amor de una mujer.

¿Reconoces que has pedido la cosa más valiosa
Como un niño que pide un juguete?
Demandando lo que otros han muerto por adquirir,
Con la imprudente prisa de un niño.

Mis responsabilidades has escrito
Con hombría me has interrogado.
Permanece ahora en el balcón de mi alma de mujer
Hasta que te interrogue yo.

Exiges que el cordero siempre esté caliente,
Que tus medias y camisas estén preparadas;
Yo exijo que tu corazón sea tan veraz como las estrellas
de Dios
Y tu alma tan pura como Su cielo.

Exiges una cocinera para tu carne,
Yo exijo algo aun mayor;
Quieres una costurera para tus medias y camisas
Yo estoy buscando un hombre y un rey.

Un rey para el hermoso reino llamado hogar,
Y un hombre cuyo Creador, Dios,
Lo mire como hizo con el primero
Y diga: "Es bueno".

Soy joven y hermosa, pero el color rosa
De este rostro suave puede algún día desvanecerse;
¿Me amarás entonces, al ir cayéndose mis hojas,
Tal y como me amaste entre las flores de mayo?

¿Es tu corazón un océano tan fuerte y verdadero,
que en tu marea pueda zarpar toda quien soy?

Una amorosa mujer halla cielo o infierno
El día en que se casa.
Exijo todo lo que es magnífico y verdadero,
Todo lo que un hombre debe ser;
Si todo esto me das, yo mi propia vida apuesto
que seré todo lo que exijas de mí.

Si esto no puedes hacer, una costurera y cocinera
A bajo precio podrás tener;
Pero el corazón y la vida de una mujer
De tal manera no podrás tener.

Oro para que las chicas que están leyendo este libro, este poema les sirva como recordatorio de que mantengan sus aspiraciones muy en alto. Exijan todo lo que sea "magnífico y verdadero". Al considerar la posibilidad del matrimonio, no bajen las normas ni tan siquiera por un momento; cualquier tipo que te pida hacerlo no vale el tiempo que le dedicas.

Y a los chicos, aún hay mucho que aprender ¿no creen? Mi esperanza para nosotros es que realmente podamos apreciar el gran precio y valor sin igual que es el amor de una mujer. No es algo insignificante o un simple juego, el pedirle a una joven que nos acompañe a través de la vida.

Permita Dios que podamos ganarnos el derecho de hacer tal petición, al procurar diligentemente ser hombres de integridad —hombres cuyo corazón sea un océano "Fuerte y verdadero". Sólo entonces, podremos pararnos en el balcón del alma de una mujer y pedirle que nos permita entrar.

Capítulo Catorce

¿Qué es realmente importante al llegar a los cincuenta años?

Al reflexionar en el estado eterno del matrimonio, hay una pregunta que continuamente viene a mi mente: ¿Qué cualidades debo buscar en una esposa? Quizá te estés preguntando lo mismo al considerar pasar el resto de tu vida con una persona en especial. ¿Qué haría que alguien fuera el perfecto cónyuge para ti?

Al pensar sobre esta pregunta, estoy consciente de que la respuesta supone muchas características profundas e internas, pero en la vida diaria, sin embargo se me hace difícil trascender más allá de lo superficial. Una chica simpática entra a una habitación y todo mi sentido común se esfuma. ¿Cuántas veces he quedado como un tonto al dejarme entusiasmar simplemente por la belleza y el encanto de una chica? Demasiadas veces.

Para curar esta tendencia he creado un pequeño juego. Cuando conozco una chica que es hermosa y me siento tentado a dejarme impresionar demasiado por su belleza externa, trato de imaginarme cómo se vería la joven al llegar a los cincuenta años de edad. (Si la joven está con su madre, entonces el juego

198

no necesita de mucha imaginación.) La chica puede verse muy joven y hermosa ahora, pero ¿qué sucede cuando la belleza se disipa? ¿Habrá algo en ella que me atrae? ¿Es su carácter el que me atrae hacia ella, o simplemente el hecho de que su vestido de verano deja ver un poco de más su bronceado? ¿Y qué importa si es su silueta femenina la que hoy captura mis ojos? Cuando los embarazos añadan cicatrices y manchas en la piel, y los años agreguen algunas libras de más, ¿habrá algo en el alma de esta chica que me continúe atrayendo hacia ella?

Las cosas que permanecen

Al considerar cuáles son las cosas importantes en un esposo, necesitamos ir más allá de los asuntos superficiales como la apariencia física, la vestimenta y el comportamiento frente a los demás. "Jehová no mira lo que mira el hombre", dice Dios en su Palabra. "el hombre mira lo que está delante de sus ojos, pero Jehová mira el corazón." 1 Samuel 16:7. Proverbios 31:30 nos dice: "Engañosa es la gracia, y vana la hermosura..." Y el mismo verso nos dice que el tipo de persona que merece ser alabada es aquella que "teme a Jehová".

Nos impresionamos muy fácilmente con las apariencias; pero Dios quiere que valoremos aquellas cualidades que perduran. Escoger sabiamente un compañero para el matrimonio exige que regresemos a los asuntos esenciales del carácter y las actitudes de una persona.

En este capítulo vamos a examinar las cualidades y actitudes del carácter que son importantes en un cónyuge, y al hacerlo, también queremos hacernos la pregunta: ¿Estoy yo cultivando estas mismas cualidades y actitudes en mi propia vida? Tengamos cuidado de mantener una actitud de humildad al examinarnos. Debemos concentrarnos no sólo en *encontrar* a la persona adecuada, sino más importante aun, debemos concentrarnos en *convertirnos* "nosotros" en la persona adecuada.

Carácter

"Carácter es lo que eres en la oscuridad cuando nadie excepto Dios te están mirando", escribe Randy Alcorn. "Cualquiera puede verse bien frente a un público, o frente a los amigos", continúa diciendo. "Es algo completamente diferente estar desnudo frente a Dios, y ser conocido tal y como realmente eres en tu interior". Nosotros no definimos el verdadero carácter de una persona por la imagen que desea comunicarnos, o por la reputación detrás de la cual se quiere esconder, sino por las decisiones que esa persona ha tomado y toma cada día.

Requiere verdadera sabiduría poder observar el carácter de una persona y también exige tiempo. William Davis escribe lo siguiente: "Tu reputación se conoce en una hora, pero tu carácter no sale a la luz hasta después de un año".

Destellos del verdadero carácter

¿Cómo podemos evaluar el carácter de una persona? ¿Cómo podemos pasar por encima de la imagen y la reputación para captar un breve destello de quién es la persona realmente?

Al evaluar el carácter de una persona (incluyendo el nuestro), necesitamos observar cuidadosamente tres áreas: cómo el individuo se relaciona con Dios, en qué forma trata a los demás, y de qué manera disciplina su vida personal. Estas áreas son como ventanas que dejan ver el carácter de una persona. "De la misma manera en que la luz del día se puede apreciar a través de pequeños agujeros, así también las pequeñas cosas nos ilustran y revelan el carácter de una persona", dice el escritor Samuel Smiles. "Ciertamente, el carácter consiste en pequeños actos, desempeñados bien y honradamente".

Vamos a examinar algunos de estos pequeños actos que nos pueden decir mucho sobre una persona.

1. *Cómo se relaciona esta persona con Dios*
La relación que una persona tiene con Dios, es la relación definitiva en su vida —cuando esta relación está fuera de

orden, cada una de las demás relaciones van a sufrir. Las Escrituras nos dicen con claridad que un creyente nunca debe considerar a un no-creyente como su cónyuge. "No se unan en matrimonio con los que no aman al Señor", dice la Biblia 2 Corintios 6:14 (LBAD). Tú y la persona con quien te cases, deben tener una relación dinámica y de crecimiento diario con Jesucristo. La pregunta no es: ¿Tu futuro cónyuge y tú son salvos? Más bien: ¿ustedes están enamorados de Jesucristo? ¿Podrán ponerlo a Él en primer lugar, siempre por encima de su cónyuge?

"Esta es una de esas hermosas paradojas de la verdad bíblica", escribe David Powlison y John Yenchko. "Si amas y deseas a tu cónyuge más que a nada, terminarás lleno de egoísmo y temor, amargado y desilusionado. Pero si amas a Jesús sobre todas las cosas, terminarás amando y disfrutando realmente de tu cónyuge. ¡Te convertirás en alguien con quien vale la pena estar casado!

En cierta ocasión participé en una conversación sobre las relaciones, dos muchachas creyentes me dijeron que una de las cualidades que encontraban más atractivas en un chico era su enfoque personal en la persona de Dios.

—Es muy obvio cuando el joven verdaderamente ama al Señor —me dijo mi amiga Sara—. Cuando el joven te habla sobre su amor por Dios, te puedes dar cuenta de que no está distraído por tu presencia.

—¡Exactamente! —confirmó Jaime—. Es cómico, pero los chicos que tratan por todos los medios de impresionar a las chicas a mí no me impresionan para nada. En realidad me causan náuseas.

Debes procurar y tratar de convertirte en el hombre o en la mujer, que como soltero, busca de Dios con todo su corazón, y que tiene a Dios como la prioridad en su vida antes que nada ni nadie. No te preocupes por causar una buena impresión ante el sexo opuesto, al contrario, sé diligente en complacer y glorificar a Dios. En el camino logrará captar la atención de otras personas que comparten las mismas prioridades.

2. *Cómo se relaciona esta persona con los demás*

La segunda ventana que nos permite apreciar el carácter de un individuo es su relación con los demás. Examina de qué manera un posible compañero/a (y tú) se relacionan con las siguientes personas:

Las autoridades. ¿De qué manera un posible compañero responde ante las personas que están en posiciones de autoridad? ¿Respeta esta persona la autoridad de un jefe o un pastor, aun cuando no esté de acuerdo con la figura de autoridad? Un joven que no puede obedecer órdenes en forma natural o genuina, tendrá dificultad en permanecer en cualquier trabajo que realice, o en recibir la corrección pastoral cuando esta sea necesaria. Una joven que no puede respetar la autoridad de una maestra o la del entrenador del equipo deportivo, tendrá dificultad en honrar a su esposo. Anhela y procura llegar a ser una persona que respeta la autoridad establecida por Dios.

Padres. Quizás hayas escuchado anteriormente este sabio consejo: "Así como un joven trata a su madre, asimismo tratará a su esposa". Esto es muy cierto. Lo mismo se puede decir de la manera en que una joven se relaciona con su padre. No estoy diciendo que la persona que ha tenido una mala relación con su padre o madre no podrá gozar de un buen matrimonio. Por la gracia de Dios podemos conquistar antiguos patrones de conducta. Pero sí debemos hacernos las siguientes preguntas: si esta persona no puede ser amable y bondadosa con su madre, ¿qué me hace pensar que me va a tratar con amor y bondad al convertirme en su esposa? o, si ella no puede respetar a su padre, ¿podrá respetarme a mí como esposo?

No te olvides de hacer una evaluación de tu propia vida. ¿Cómo te relacionas con tus padres? ¿Puedes mejorar la manera en que te relacionas con ellos, y así poder aprender cómo honrar a tu futuro cónyuge? Si en verdad deseas conocer la respuesta a estas preguntas, pídeles a tus padres que te den su perspectiva respecto a la relación que llevas con ellos.

El sexo opuesto. Hay una inmensa diferencia entre la amistad genuina y el coqueteo. Aprende a discernir la diferencia entre ambos. Nadie desea casarse con una persona coqueta. Chicos, si una joven se pasa coqueteando como una mariposa de un chico a otro, procurando siempre la atención de los varones, ¿crees que repentinamente el matrimonio va a cambiar este comportamiento? Chicas, ¿ustedes desean casarse con un joven que no tiene control de sus ojos? ¿Qué pasa contigo misma? ¿Dónde te encuentras en la escala del coqueteo? ¿Necesitas cambiar tu posición y tu conducta con los miembros del sexo opuesto?

Compañeros. Los compañeros son aquellas personas que nos influyen y moldean. En esta categoría, la manera en que uno trata a sus amigos o amigas no es tan importante como *quiénes* son estos amigos. A.W. Tozer expresó lo siguiente: "Existe una ley de atracción moral que hace que cada hombre se incline hacia la sociedad que más se asemeja a él. La dirección que tomamos cuando estamos libres de ir a donde mejor nos parezca, es un indicio casi infalible del carácter".

¿Quiénes son los amigos más cercanos de un posible matrimonio? ¿Qué cosas valoran? Si están involucrados en participar en fiestas y en vivir desenfrenadamente, es probable que los que pasan tiempo con ellos también compartan los mismos intereses. ¿Quiénes son tus compañeros? ¿Estás procurando establecer relaciones con personas que te van a servir de apoyo y aliento en tu andar con el Señor? ¿O tus amigos son un impedimento para tu crecimiento espiritual? Nunca subestimes lo mucho que influyen las relaciones personales en la formación de tu carácter.

3. Disciplina personal

La tercera ventana que revela el carácter es como una persona conduce y disciplina su vida personal. "El hábito —escribe la autora Charlotte Mason—, es gran parte de nuestra naturaleza." Aquellas cosas que hacemos involuntariamente, casi sin pensar, son las que revelan nuestro carácter.

Al considerar esta categoría, debemos notar la diferencia que hay entre los hábitos pecaminosos y los malos modales. Todos tenemos hábitos que otros consideran que son tontos o que nos causan fastidio. A mi madre le causa gran fastidio que mi padre coma el maíz en mazorca. Su método se asemeja a una antigua máquina de mecanografía: ¡Tap, tap, tap, tap, tap, ring! Tap, tap, tap, tap, y continúa con la próxima hilera de maíz. No es la mejor manera de comportarse en la mesa, pero no es un hábito pecaminoso. En vez de estar preocupados con asuntos como este, necesitamos examinar si nuestro futuro cónyuge (o nosotros mismos) fomentamos hábitos que están en desobediencia a Dios o que demuestran una profunda indiferencia por el prójimo.

Las siguientes, son algunas de las áreas en las cuales los hábitos de una persona nos muestran rasgos de su carácter. Debes prestarles mucha atención y también observar cómo se manifiestan en tu propia vida.

Cómo inviertes el tiempo. Escuché en cierta ocasión a Elizabeth Elliot dar una charla, en la que decía que una de las cosas que más le atrajo de Jim Elliot era el hecho que memorizaba pasajes bíblicos mientras esperaba en la fila de la cafetería. Esto le mostró a ella que Jim era una persona disciplinada y eficiente.

La manera en que alguien invierte su tiempo libre nos dice qué es lo que esa persona valora. ¿Ocupa su tiempo libre pasando horas frente al televisor? ¿Procura cultivar su mente y establecer relaciones, o sólo vive para gozar de la próxima distracción? Busca a alguien (y sé esa clase de persona tú también) que usa su tiempo sabiamente.

Cómo usa su dinero. La manera en que una persona usa su dinero, es uno de los indicios más seguros del carácter. Al cumplir los diecinueve años de edad, mi amigo Andy le pidió a toda su familia y amigos que le regalaran dinero. Pero él no lo quería para su uso personal, sino que lo entregó todo a un ministerio evangelístico. La actitud de Andy respecto a las cosas materiales demostró que era un hombre de gran compasión con mucho amor y muy generoso. Era un indicio de que valoraba lo eterno más que lo material.

Esa persona en la que estás interesado (o quizá tú mismo), ¿tiene como prioridad lo que viste, los autos nuevos o las cosas materiales? ¿Piensa en las compras y adquisiciones, o derrocha su dinero impulsivamente y sin control? La forma en que un individuo gasta su dinero nos revela su nivel de responsabilidad.

Cómo cuida de su cuerpo. No debemos culpar a nadie por aquellas cosas que no puede controlar —tamaño, facción o rasgo distintivo, y en algunos casos su peso. Tampoco debemos estar demasiados preocupados con lo externo; pero la forma de cuidar de su cuerpo nos dice mucho sobre su carácter.

En primer lugar, ¿cómo se viste? Una joven que viste con poca modestia es posible que capte la atención de un chico, pero ¿qué dice su vestimenta sobre su corazón? Un chico que gasta todo su dinero en la última moda puede aparentar tenerlo todo en "orden", pero su obsesión con la moda puede significar que él está demasiado preocupado por lo que la gente piensa de él (y de que puede tomar malas decisiones con su dinero).

¿Cómo cuida su cuerpo? ¿Tiene buenos hábitos alimenticios? ¿Participa en un programa constante y efectivo para mantenerse en forma? Dios desea que mantengamos y cuidemos la salud y la buena condición de nuestros cuerpos para que le sirvamos con mayor efectividad. Esto no significa que debemos estar obsesionados con hacer ejercicios. Una persona que está demasiada preocupada por levantar pesas, está tan desbalanceada como la persona que no hace ningún ejercicio.

¿Cómo saldrías al ser evaluado en esta categoría? ¿Crees que hay lugar para hacer mejoras en tu vida?

El impacto de la actitud

La actitud, es el segundo criterio esencial que debe tomarse en consideración al escoger un cónyuge. Es el punto ventajoso; es la manera en que una persona observa y reacciona ante la vida. Para el cristiano, esto significa más que una simple manera de pensar positivamente. Una actitud piadosa implica ser poseedor de una manera de pensar que es bíblica y Dioscéntrica, procurando siempre vernos a nosotros mismos en nuestras circunstancias desde la perspectiva divina.

Las siguientes son algunas de las claves en las que se expresan las actitudes piadosas:

Una actitud de obediencia a Dios. Al tratar de encontrar una pareja, busca a alguien que esté dispuesto a escuchar a Dios y actuar sin vacilación de acuerdo a lo que Él le está diciendo. Te conviene una persona que tenga la actitud de David al decir: "Me apresuré y no me retardé en guardar tus mandamientos." Salmo 119:60. Una actitud de inmediata obediencia es la que reconoce el señorío de Cristo en cada área de su vida. ¿La persona en la que te has interesado procura con firmeza someter cada vez más su vida a la voluntad de Dios? ¿Trata con sinceridad vencer los malos hábitos? ¿Se enfrenta a la cultura moderna, procurando ser transformada a la imagen de Cristo? ¿Estás trabajando de forma diligente para desarrollar una actitud de obediencia en tu propia vida? Nunca serás perfecto o podrás encontrar el cónyuge perfecto —todos somos pecadores—, pero sólo las personas con una actitud de obediencia a la Palabra de Dios crecerán continuamente en piedad y madurez a lo largo de sus vidas.

Una actitud de humildad. Una actitud de humildad es la que considera las necesidades de los demás primero. La Biblia dice: "Nada hagáis por contienda o por vanagloria; antes bien con humildad, estimando cada uno a los demás como superiores a él mismo" Filipenses 2:3. ¿La persona en la que te interesas pone las necesidades de los demás primero que las suyas? Presta atención a los pequeños detalles. ¿Cómo se comporta cuando está jugando baloncesto en la cancha? ¿Procura servir a otros aun en medio de la competencia? ¿Cómo reacciona cuando surge un conflicto en su familia? ¿Le echa la culpa de inmediato a la otra persona, o es lo suficientemente humilde como para compartir la culpa y buscarle una solución al problema. Y tú ¿cómo resuelves situaciones como estas?

Una de las cosas que más respeto de mi padre es su disposición de humillarse a sí mismo ante mi madre y ante los demás miembros de la familia al confesar sus faltas. Si ha expresado palabras fuertes o se ha comportado de manera poco amorosa, él no vacila en pedir perdón. Alguien que sea menos hombre no podría hacer tal cosa.

Dos personas no hacen que un matrimonio sea fuerte porque nunca cometen errores; sólo una actitud humilde hace de la confesión una prioridad, le da el primer lugar al otro, y procura el perdón.

Una actitud de laboriosidad. No juzgues a una persona por el trabajo que desempeña; lo que sí debes observar es la actitud con que realiza su trabajo. Una actitud laboriosa demuestra buena disposición hacia el trabajar duro y cualquier otra cosa que se le presente. El autor Bill Bennett escribe lo siguiente: "Trabajo... no es lo que hacemos para ganarnos la vida sino lo que hacemos *con* nuestra vida... Lo opuesto al trabajo no es el tiempo libre, de juego o de diversión, sino el ocio —dejar de invertir "quienes somos en algo".

En proverbios 31:17 se describe a la esposa virtuosa como alguien que "ciñe de fuerzas sus lomos, y esfuerza sus brazos". (Por supuesto, ser laborioso es importante para hombres y mujeres.) Busca alguien que invierta su vida enérgicamente en algo ahora. Procura desarrollar esta actitud en tu vida también.

Una actitud de contentamiento y esperanza. Una actitud de contentamiento y esperanza reconoce la soberanía de Dios en cada situación. Es un optimismo nacido de la fe que tiene su mirada puesta en Dios, una actitud que está más consciente y agradecida por la evidencia de la gracia de Dios, que de la necesidad de que se arreglen los problemas.

He aquí algunas preguntas importantes que debes hacerte sobre la persona en la que estás interesado, y de tu persona también: ¿Lo que procede de sus labios son alabanzas o quejas? ¿Señala constantemente las faltas de los demás, o los anima?

¿Se enfrenta a sus circunstancias con espíritu de desesperanza, o demuestra confianza en la fidelidad de Dios?

A principios de su matrimonio, el reverendo E.V. Hill y su esposa Jane, enfrentaron dificultades financieras. No fue sabio al invertir en una estación de servicio, y el negocio fracasó. El dinero escaseaba. El doctor Dobson tuvo la oportunidad de escuchar al reverendo Hill compartir esta historia en el funeral de Jane, y él la relata de la siguiente manera:

> Después del fracaso con la estación de servicio, E.V. llegó a casa una noche y encontró que la casa estaba a oscuras. Al abrir la puerta, vio que Jane había preparado una cena para dos a la luz de las velas.
>
> —¿Qué significa esto? —dijo él con humor.
>
> —Pues ya ves —dijo Jane—, esta noche vamos a cenar a la luz de las velas.
>
> El reverendo Hill pensó que era una idea muy buena y se dirigió hacia el baño para lavarse las manos. Trató sin éxito de encender las luces. Entonces se movió a tientas por el cuarto de baños hasta que encontró el otro interruptor. La oscuridad prevaleció. El joven pastor regresó al comedor y le preguntó a su esposa por qué no había electricidad. Ella comenzó a llorar.
>
> —Tú trabajas tan arduamente y hacemos lo mejor que podemos —le dijo Jane—, pero es tan difícil. No tenía suficiente dinero para pagar la electricidad, y no quise que lo supieras, así que pensé que podíamos cenar a la luz de las velas.
>
> El doctor Hill describía las palabras de su esposa con profunda emoción. Ella pudo haber dicho: "Nunca antes he estado en una situación como esta. Yo fui criada en el hogar del doctor Caruthers, y nunca nos cortaron la electricidad". Pudo haberme quebrantado el espíritu, haberme arruinado o desmoralizarme; pero en vez de esto dijo: "De una manera u otra vamos a

encender estas luces. Pero esta noche, vamos a cenar a la luz de las velas".

Lágrimas vienen a mis ojos cada vez que leo esta historia. El optimismo de la señora Hill y la disposición de atravesar junto a su esposo por tiempos difíciles son un vivo ejemplo de cualidades que deseo tener en mi propia vida, y es por lo que más oro en una esposa. Estoy buscando una esposa que encienda las velas, y no una que maldiga en medio de las tinieblas.

El precipicio

He compartido todas estas características y actitudes con la esperanza de aclarar qué es lo que verdaderamente importa en una esposa, qué es lo que debemos buscar en otra persona, y qué debemos procurar ser en nuestra propia vida. No debemos usar estas cualidades para golpear al sexo opuesto o como una excusa para evitar el matrimonio. Nadie podrá alcanzar la perfección en todas las áreas que hemos mencionado. Para el hombre que espera hallar una esposa perfecta, el autor Benjamín Tillett tiene esta humorística declaración: "Que Dios ayude al hombre que no desea casarse hasta encontrar la mujer perfecta, y que Dios lo ayude aun más si es que la encuentra".

Nunca encontraremos al cónyuge perfecto, de encontrarlo. ¿por qué razón desearía esa persona casarse con una persona imperfecta como yo? Benjamín Franklin dijo en cierta ocasión: "Mantén los ojos bien abiertos antes de casarte —y entreabiertos después". El matrimonio requiere de fe en la provisión de Dios, y en la disposición de perdonar todas las imperfecciones, la misericordia que es necesaria para mantener nuestros ojos "entreabiertos" ante las faltas.

Un joven me envió un mensaje por correo electrónico relacionado con el temor que sentía respecto al matrimonio: "¿Cómo es posible llegar a conocer a una persona antes del matrimonio, lo suficientemente bien, para estar seguro de que es la adecuada para mí? Me parece que casarse es semejante a saltar a un precipicio".

En cierto sentido él está correcto en lo que dice, el matrimonio siempre va a implicar un paso de fe. No es un paso a ciegas, sino un paso más allá de lo que podemos ver con certeza.

Mi pastor C.J. Mahaney cuenta una historia muy graciosa de cómo, antes que se casara, le extendió la mano al que sería su suegro y le dijo:

—Gracias señor por confiarme a su hija.

A lo que el hombre respondió: —Yo no confío en ti —y después de una larga pausa dijo—: Confío en Dios.

Este padre tenía depositada su confianza en la persona correcta.

No podemos confiar en nosotros mismos y tampoco podemos conocer completamente a la persona con la que nos vamos a casar, pero sí podemos confiar en que Dios dirija nuestras decisiones y nos ayude a cumplir con nuestros compromisos.

Verdadera hermosura

Como soltero que soy, estoy procurando desarrollar en mi vida las actitudes correctas y un carácter piadoso; al observar a las jovencitas a mi alrededor, trato de mantener los ojos bien abiertos. Y, sí, continúo con mi pequeño juego donde pregunto: ¿qué es lo que realmente me importa al llegar a los cincuenta años de edad? Esto me ayuda a poder mirar más allá de los asuntos pasajeros como lo son la juventud y la belleza, concentrándome en las cosas esenciales siendo alguna de ellas el carácter y las actitudes.

Pobres chicas, si tuviesen la más mínima idea de mi juego... Pero, ¿quién sabe? Quizá ellas han estado imaginándose cómo me veré al llegar a los cincuenta. ¡Eso sí que asusta!

Uno de estos días —el momento por el que he estado orando y esperando— voy a conocer una chica, y cuando piense en ella a los cincuenta años de edad, ella será aun más hermosa de lo que es ahora. Los años no le van a restar valor ni hermosura; sólo la harán ser mejor y más madura. Una mujer que teme a Dios, cuya fortaleza interior fluye del manantial de Su vida, el tiempo sólo puede aumentar su hermosura natural. Por supuesto, las marcas del tiempo aparecerán, pero el espíritu que ilumina el brillo de sus ojos permanecerá por siempre joven, vibrante y vivo. Es por eso que deseo crecer en amor.

¿Qué haré cuando me encuentre con esta joven mujer? Pienso en esto muy a menudo. No sé exactamente qué le diré. Quizá me arrodille y le ruegue que pase el resto de su vida envejeciendo junto a mí. Podremos mirar juntos como nuestros cuerpos se deshacen por el paso del tiempo, y también esperar el día en que el Maestro nos dé nuevos cuerpos.

Y cuando la bese el día de nuestra boda, me deleitaré en la esposa de mi juventud, pero le susurraré al oído: "no puedo esperar verte, cuando llegues a los cincuenta años de edad".

Capítulo Quince

El romance guiado por principios

SIENDO GUIADOS POR PRINCIPIOS: DESDE LA AMISTAD HASTA EL MATRIMONIO.

Jason y Shelly aún discuten sobre el momento exacto cuando se conocieron por primera vez. Un jueves por la noche, después del estudio bíblico del grupo universitario, Jason se le acercó y se presentó.

—¿Cómo estás? —le preguntó extendiendo su mano para saludar a Shelly—. Me llamo Jason. Te he visto en otras ocasiones, pero no he tenido la oportunidad de presentarme.

La chica de cabello negro sonrió y dijo:

—Me llamo Shelley, y sí nos conocimos; lo que sucede es que no te acuerdas.

—¡De veras! —dijo Jason sintiéndose un poco avergonzado—. ¿Estás segura?

—Oh, claro que estoy segura —dijo ella riéndose de buena gana—. Fue a principios de la primavera. Tú estabas sentado frente a mí, y alguien nos presentó brevemente. Pero no te preocupes; soy fácil de olvidar.

—¡Eso es imposible! —protestó él—. Estoy seguro de que te recordaría si nos hubiésemos conocido antes.

La divertida conversación estableció las bases para una prolongada amistad. Todas las veces que Jason se encontraba con Shelley, se acercaba ella y le decía:

—Hola, me llamo Jason. Creo que no os hemos conocido anteriormente —lo cual siempre provocaba risas.

En los próximos meses, comenzaron a conocerse mejor. Como ambos pertenecían al mismo grupo de amigos, a menudo se reunían con un grupo de chicos y chicas en el restaurante "Sari". Los universitarios pasaban largas horas hablando y riendo mientras disfrutaban de una taza de café. Shelley siempre bebía té. Jason, tomó nota de este detalle. Ese no era el único detalle que estaba anotando, estaba descubriendo las profundidades de su personalidad. Ella era de personalidad quieta, pero cuando hablaba, lo hacía con sensatez y seriedad; sabía cómo divertirse, y también cuándo tomar las cosas en serio. En la iglesia, siempre podía encontrarla sirviendo o ayudando a alguien. Los domingos se ofrecía para trabajar en el salón de cuidado de niños, y en el grupo de universitarios, muchas chicas la buscaban solicitando consejo y apoyo.

Por su parte, Shelley estaba haciendo su propia investigación de reconocimiento de Jason. Había notado su calurosa sonrisa y la bondad que demostraba a todos por igual. A ella le impresionaba su auténtica relación con Dios; no estaba fingiendo, era real. También le agradaba el hecho de que podían compartir como hermano y hermana.

A Shelley le gustaba estar con Jason. ¿Sería posible llegar a ser algún día más que amigos? Pero tomó la decisión de no preocuparse por ello todavía.

Sin saberlo, Jason sí se estaba preocupando al respecto. O por lo menos, pasaba gran cantidad de tiempo pensando en el asunto. Al ir conociéndola, iba marcando una por una, aquellas cualidades que estaban en la lista respecto a lo que deseaba encontrar en una esposa. Se encontró pensando en Shelley durante el día, y anhelando el momento de poder verla otra vez. "No puedo sacarme a esta chica de la mente", le dijo a Dios en oración una noche, mientras daba vueltas en la cama lleno de intranquilidad, y sin poder dormir. "Señor, Shelley es todo lo que he deseado en una joven. ¿Qué debo hacer."

Sin fórmulas

¿Qué haces cuando crees haber hallado a la persona con la que deseas casarte? La amistad es maravillosa, pero ¿cómo debes proceder? ¿Cómo comenzar a conocer a ese ser especial de manera más cercana y profunda?

La Biblia no provee un programa que sea útil para toda situación, al intentar movernos de lo que ha sido una amistad hacia el matrimonio. Nuestras vidas son demasiado diferentes, nuestras circunstancias son demasiado únicas, y nuestro Dios es demasiado creativo para tener una sola fórmula para el romance. Las formas de cómo Dios junta a hombres y mujeres son tan variadas como los diseños únicos de los copos de nieve, nunca son exactamente iguales. Pero así como un singular copo de nieve puede formarse solamente en una temperatura y precipitación específica, un romance que honra a Dios sólo puede formarse cuando hemos seguido patrones y principios divinos.

Me gustaría poder bosquejar en este capítulo un nuevo patrón para las relaciones, que nos puede servir de ayuda para evitar los problemas que a menudo nos encontramos en las citas. Las etapas que propongo no son una solución mágica a estos problemas, ni tampoco son la única manera en que el romance se ha de desarrollar. Pero pienso que nos pueden ayudar a desarrollar relaciones románticas basadas en los principios divinos. Estas etapas son: *amistad casual —amistad profunda— intimidad con propósito e integridad —compromiso.*

Vamos a examinar algunos ejemplos que nos pueden servir como guía a través del "¿Y a hora qué?" en las relaciones. Al hacerlo, podremos apreciar cómo funcionan estas cuatro etapas del romance que honra a Dios. El primer principio aplica a la etapa número 1.

1. *Recuerda tus responsabilidades dentro de la relación.*
Imagínate que te encuentras en un auto en la carretera en medio del desierto. No hay nadie a la vista, y el llano pavimento frente

a ti parece no tener fin. Tú sabes que el vehículo puede correr a alta velocidad; pero no sabes a cuál velocidad exactamente. Te gustaría probar. Nadie te va a ver. ¿Por qué no intentarlo? Decidido, pones el vehículo en alta velocidad mientras las revoluciones hacen rugir el motor al desplazarse por la carretera.

Ahora imagina que de nuevo estás en el auto, pero en esta ocasión un querido amigo tuyo se sienta a tu lado. Y en vez de estar en una carretera aislada, te encuentras en el mismo centro de una congestionada ciudad, rodeado de otros autos y peatones. Entonces, desde la esquina puedes ver un vehículo de la policía. Ni siquiera se te ocurre *pensar* en la velocidad. Te desplazas por la calle de la ciudad lenta y cuidadosamente.

¿Cuál es la diferencia entre los dos ejemplos? La diferencia es que en el primer ejemplo eras una persona aislada que sólo tenías que preocuparte por ti mismo. Pero el segundo ejemplo te ubicó en relación con otras personas. Si chocas el auto, serás hallado culpable por la vida de la persona que está sentada a tu lado. Tu imprudencia también pondría en peligro las vidas de los otros choferes a tu alrededor. Y finalmente, la presencia de la policía te hizo recordar las leyes del tránsito que debes obedecer. Por lo tanto, manejaste con cuidado.

El mismo principio se aplica a las relaciones románticas. Si al comienzo de una relación lo único que tienes en mente es tu propia persona, ¿me querrá esta persona? ¿será un buen esposo o una buena esposa para mí?, te involucrarás en una relación demasiado rápido, y probablemente en el camino le pasarás por encima a otras personas. Pero si mantienes presente que tus acciones afectan a los demás, podrás tomar la decisión de proceder cuidadosamente y con cautela.

Cada vez que sientas atracción por alguien, piensa que te estás involucrado en tres tipos de relaciones: tu relación con la persona en la cual has mostrado interés; las relaciones con las personas que te rodean, incluyendo amigos y familiares; y aún más importante, tu relación con Dios. Tienes una responsabilidad hacia cada uno de ellos.

Hablando conmigo mismo

Personalmente trato de recordar estos tres tipos de vínculos cada vez que me encuentro interesado en una chica. En las etapas iniciales de la atracción, encuentro difícil pensar con claridad. De inmediato debo recordarme cuáles son mis responsabilidades, y el resultado es que por lo general tengo una conversación conmigo mismo, bastante parecida a la siguiente:

—Josh, ¿qué tipo de relación es la que tienes con esta chica?

—Pues ella es una hermana en Cristo a la cual debo tratar con absoluta pureza.

—¡Exactamente! ¡Ella no es simplemente una cara bella o una posible esposa!

—Claro que no. Ella es una hija de Dios. Dios tiene un plan para su vida. Él la está formando y moldeando en algo especial.

—¿Entonces cuál es tu responsabilidad hacia ella?

—Mi responsabilidad es asegurarme de no ser un impedimento en lo que Dios está haciendo en su vida. Debo animarla a mantener su enfoque y dependencia en Él.

—Eso está bien. ¿Y entonces hacia quién es tu segunda responsabilidad?

—Mi segunda responsabilidad es hacia las personas que me rodean.

—Tales como...

—Tales como las personas que forman parte del grupo de la iglesia, los no-creyentes que observan nuestra relación, y hasta mis hermanos más pequeños que ven la manera en que trato a las jóvenes.

—¿Por qué te debe importar como ellos piensan?

—Porque tengo la responsabilidad de mantener la unidad del grupo aquí en la iglesia; ser ejemplo del amor de Jesús para los de afuera y para otros creyentes.

—¿Y tu responsabilidad primaria es hacia Dios, cierto?

—Exactamente. Soy responsable de mantener mi andar puro, de servir a los demás como lo hizo Jesús, y de amar a mis vecinos tal y como me amó a mí.

Preguntas como estas nos pueden ayudar a adquirir la perspectiva correcta aun desde el principio, y pueden determinar si una relación honra a Dios o simplemente busca la satisfacción personal. Romper con los antiguos y dañinos patrones de las citas típicas, exige que dejemos de vernos a nosotros mismos como el centro del universo donde las demás personas dan vueltas a nuestro alrededor.

Antes de involucrarnos en una relación, primero necesitamos procurar la sobriedad al hacer un análisis de cuáles son nuestras responsabilidades.

2. Procura primero una amistad profunda (etapa 2).

Mi hermanita de cuatro años de edad estaba tan emocionada por ver salir de la tierra las primeras flores durante la primavera, que tomó un puñado de los capullos que aún estaban sin abrir y orgullosamente se los entregó a mi madre. Mi madre se sintió desilusionada por la impaciencia de mi hermanita.

—Los tomaste demasiado pronto —dijo ella—. Las flores son más hermosas cuando las dejas florecer.

A menudo, nosotros también somos culpables de la misma impaciencia en nuestras relaciones. En vez de esperar hasta que la amistad florezca completamente, nos apresuramos hacia el romance. Nuestra impaciencia no sólo nos cuesta el precio de la belleza que hay en la amistad como solteros, sino que también puede colocar nuestro futuro matrimonio sobre terreno movedizo. Los matrimonios sólidos son los que han sido edificados sobre el fundamento sólido del respeto mutuo, el aprecio, y el compañerismo que es producto de la amistad.

Cuando nos sentimos atraídos hacia alguien, nuestra prioridad debe ser edificar una profunda amistad. Generalmente creemos que relacionarnos romántica y exclusivamente nos va a acercar en forma automática el uno al otro y nos permitirá conocernos mejor. Pero esto no siempre sucede así. Aunque el romance sí puede ser un vínculo más emocionante, también puede fomentar ilusiones y encaprichamiento que esconden el verdadero carácter de cada persona involucrada. Recuerda que tan pronto como damos rienda suelta a nuestras emociones por medio del amor romántico, toda nuestra objetividad comienza a desaparecer. Es por esta razón que debemos enfatizar el desarrollo de una buena amistad con un posible y futuro compañero, antes de introducirnos en el romance.

Actividades que intensifican la amistad

Lo principal para una joven y un joven es procurar conocerse mejor como individuos —lograr captar una visión precisa e imparcial de la verdadera naturaleza del otro—. ¿Cómo puedes lograr esto? En primer lugar, en vez de echar a un lado sus rutinas diarias con tal de pasar tiempo juntos, busquen aquellas oportunidades en las que puedan incluirse en el mundo real del otro. Procuren participar en actividades que sirvan para que ambos puedan compartir en el ambiente del otro: familia, amigos, y trabajo, así como en sus respectivas áreas de ministerio y servicio.

Para Jason, cuya especialización universitaria es el español, esto implicaba extenderle una invitación a Shelley para que lo acompañara a la iglesia donde él ayudaba como traductor un domingo por mes. Esta actividad sirvió para que Shelley pudiera apreciar, aunque brevemente, el amor de Jason por el idioma español y por la gente de habla hispana. En otra ocasión, Shelley le pidió a Jason que la ayudara a dar la clase de escuela dominical para los niños de quinto grado. Si bien durante las actividades pasaron la mayor parte del tiempo en grupos, ellos se conocieron mucho más, y también profundizaron su amistad.

Cosas que se deben evitar

Mientras la amistad progresa, debes evitar hacer o decir aquellas cosas que expresan amor romántico. Durante la etapa en que se está cultivando una amistad profunda, no es el momento ni el tiempo adecuado para hablar sobre un posible futuro juntos. Este debe ser un tiempo para conocerse mejor, para servir a Dios juntos en la iglesia, y para escuchar atentos la guía de Dios. No trates de controlar o manipular la situación al coquetear o hacer insinuaciones respecto a tus sentimientos románticos. Y por favor, no animes a tus amigos a que hablen o se relacionen con ustedes como pareja. Cuando tus amigos hagan esto, simplemente inviten a otros para que se unan a ustedes en sus actividades, y de esta manera estarán evitando que los consideren una pareja.

Van a necesitar mucha paciencia y dominio propio para no expresar sus sentimientos prematuramente, pero valdrá la pena. Quiero que me prometan... dice la doncella en Cantar de los Cantares 8:4 (traducción libre), que no despertarán el amor hasta que no esté listo. El Comentario Bíblico Wycliffe dice: "El amor no debe ser despertado antes del tiempo debido, porque la relación amorosa, a menos que sea cuidadosamente protegida, puede causar pena en vez del gran gozo que debe producir en el corazón humano. Proverbios 29:20 nos dice: "¿Has visto hombre ligero en sus palabras? Más esperanza hay del necio que de él." No asumas el papel del necio en tus relaciones al hablar demasiado rápido. Si estás profundizando en una amistad, la otra persona seguramente tendrá una clara idea de que estás interesado, y eso no se puede evitar. Pero, lo cierto es que al expresar nuestros sentimientos, generalmente despierta el amor antes de que esté listo.

Si te detienes a pensar por un momento, la necesidad de revelar nuestros sentimientos tiene como motivación el egoísmo, y no el genuino deseo de realzar la vida de la otra persona. Lo que queremos es saber si nuestros sentimientos son correspondidos, y no podemos tolerar el no saber qué es lo que siente la otra persona. Este tipo de actitud egoísta no sólo tiene el potencial de destruir los tiernos comienzos de una relación, sino que también puede hacernos sentir como necios, si más adelante nuestros sentimientos cambian. Nunca te arrepentirás si decides esperar para expresar tus sentimientos.

3. *Vigila, espera y ora.*

"¿Quieres café?", esa era la frase código que usaba Shelley con su madre la cual significaba: "Necesitamos tener una seria conversación de madre a hija". Su mamá estaba feliz de poder sentarse con ella en la cafetería "Starbucks", y escucharla atentamente expresar sus sentimientos por Jason, mientras compartían una taza de café.

Shelley se hacía muchas preguntas sobre Jason: ¿Qué pensaba sobre ella? ¿La consideraba sólo como una amiga? ¿Qué pasaría si él deseaba algo más que una simple relación de amistad? ¿Su madre podría imaginarlos juntos? ¿Casados?

El té se enfrió mientras Shelley hablaba. Después de hacerlo hasta el cansancio y de responder sus propias preguntas, su mamá le recordó con delicadeza que debía guardar sus sentimientos en las manos de Dios. Entonces le dio algunas sugerencias muy prácticas. Le aconsejó que planificaran algunas actividades en su casa, donde invitaran al resto de sus amigos, con el propósito de que Jason y el papá de Shelley se conocieran en un ambiente informal y sin presiones de ninguna índole. A ella le agradó la idea, y terminaron su conversación con una oración.

Uno de los momentos de mayor confusión dentro de una relación se presenta cuando el joven y la joven se preguntan si deben ir más allá de una amistad. Si bien establecer el tiempo adecuado en que una amistad se fortalece varía dependiendo de la pareja, todos nos podemos beneficiar al ejercitar la paciencia. Siempre es sabio dedicarle el mayor tiempo posible a conocer a la otra persona como amigo, y aprovechar el tiempo para buscar la dirección de Dios.

A diferencia de Shelley, Jason no gozaba del beneficio de tener a sus familiares cerca. Él estaba en la universidad en otro estado y sus padres se habían divorciado. Así que le escribió a su tío —el hermano mayor de su mamá y un creyente maduro—, una carta de nueve páginas describiendo a Shelley y pidiéndole su consejo. El tío James siempre se había preocupado por Jason, y cumplía las funciones de consejero. "Tío ¿crees que estoy loco por pensar de esta manera?", le preguntó a James.

Una semana más tarde su tío lo llamó por teléfono y oró con él por este tema. También le hizo algunas preguntas difíciles: ¿Estaba Jason preparado para hacerse cargo de una esposa? ¿Había conversado con el pastor sobre este asunto? ¿Se sentía atraído hacia Shelley por su apariencia o por su carácter? Finalmente el tío James le aconsejó que esperara por lo menos un mes mientras observaba a Shelley.

—No es necesario que te apresures —le dijo él—. Si es la voluntad de Dios, todo se desenvolverá a su debido tiempo. No te hará daño esperar.

Si te sientes inclinado a profundizar en una relación con una chica o un chico, espera en Dios en oración. Procura el consejo de algunos hermanos de confianza de mayor edad y experiencia que tú. Lo ideal es que entre estos consejeros incluyas a tus padres, un consejero cristiano, y otros amigos de confianza que sean creyentes. Pídeles a estas personas que se unan a ti en oración a favor de la persona en la que estás interesado. Invítalos a que te pregunten acerca de tu conducta en dicha relación, y que también te señalen cualquier peligro que puedan ver en tu vida o en la vida de la otra persona.

Preguntas que debes hacer

Durante este tiempo de vigilia y espera, ambos deben hacerse algunas preguntas difíciles tales como: "Basado en el carácter que he podido observar en nuestra relación ¿yo me casaría con esta persona? ¿Estoy listo para que esta relación vaya más allá de una amistad y en dirección al matrimonio? Obviamente estas son preguntas serias. La mayoría de los problemas que hemos visto en tener citas y en los noviazgos a corto plazo, vienen precisamente porque estas preguntas no se toman en serio. Como resultado, los jóvenes salen en citas con personas con las cuales nunca considerarían casarse, y se involucran en relaciones románticas sólo por pura diversión, y no porque están preparados para un compromiso. Podemos evitar estos problemas que son el resultado de una mentalidad mundana, sólo al esperar en Dios y rehusar involucrarnos románticamente hasta que no recibamos la aprobación de las "cuatro luces verdes".

Luz verde #1:
La Palabra de Dios

Basados en la Palabra de Dios, ¿es conveniente el matrimonio para ti y para la persona en la que estás interesado? Dios estableció el matrimonio, pero también fue Él quien le puso límites a su alrededor. Por ejemplo, si la persona en la cual estás interesado no es creyente, o hay dudas respecto a su fe, debes detenerte inmediatamente. La Biblia también nos advierte que ciertos ministerios son llevados a cabo mejor por gente soltera; quizá esta verdad se aplica al plan de Dios para tu vida. Antes de proceder en una relación, primero debes buscar dirección de parte de Dios por medio de su Palabra escrita.

Luz verde #2:
Estar preparado para el matrimonio

¿Posees una visión realista y equilibrada de lo que es la vida matrimonial tal y como lo discutimos en el capítulo 13? ¿Estás al tanto y preparado para asumir las responsabilidades de ser esposo o esposa? ¿Has alcanzado un nivel de madurez espiritual y de estabilidad emocional como soltero que justifica que entres en un compromiso de por vida? ¿Estás listo para asumir la responsabilidad y carga económica? Es necesario que con honestidad respondas a este tipo de interrogantes antes de comenzar una relación.

Luz verde #3:
La aprobación y el apoyo de tus padres o los que te cuidan, consejeros cristianos, y amigos cristianos devotos

Si crees estar listo para el matrimonio, pero nadie más de los que te conocen y te aman creen que lo estás, entonces probablemente debes reconsiderar. Es necesario que escuches el consejo sabio y el punto de vista de los que te aman y te observan desde una perspectiva objetiva. Esto no significa que los padres u otros consejeros nunca se equivocan, pero es rara la vez que deberíamos proceder sin su apoyo y bendición.

Luz verde #4:
La paz de Dios

Finalmente, no se puede reemplazar con nada la paz que viene del andar en la voluntad de Dios. Cuando oras a Dios o hablas con tus padres y demás creyentes, ¿te sientes cómodo al considerar la idea del matrimonio, o la misma está marcada por tensión e incertidumbre? Aunque ciertamente no estoy sugiriendo que esta decisión tan importante esté fundamentada en los sentimientos, los mismos se pueden incluir como indicadores adicionales en cuanto a si debes o no continuar. En la mayoría de los casos podrás sentir la paz de Dios sólo cuando las tres luces verdes previas estén en orden.

4. *Define el propósito de la relación: procurando el matrimonio (etapa 3).*

Suponiendo que las cuatro luces están en orden, llegará el momento en que necesites definir el propósito y la dirección de la relación.

¿Recuerdas el primer hábito de las citas que son poco saludables? Las citas te llevan a la intimidad, pero no necesariamente al compromiso. Dicho de otra manera, son muchos los noviazgos, aun los serios, que divagan sin un claro y definido propósito. Se encuentran atascados en la zona nebulosa entre el noviazgo recreacional y el compromiso. Ninguno de los dos sabe lo que el otro está pensando. ¿Estamos de novios sólo por diversión, o es algo serio? ¿Cuál es nuestro compromiso? Este estado de limbo es el que debemos evitar, y para lograrlo se necesita honestidad y valentía de parte de ambas personas.

El principio número 4 se aplica específicamente a los chicos, que en mi opinión, deben ser los que hacen "la primera movida". Por favor no malinterpreten esto como una actitud machista.

Varones, nosotros no debemos ejercer señorío sobre las muchachas; precisamente eso es totalmente lo opuesto al servicio Cristocéntrico que le deben mostrar los esposos a sus esposas. Pero la Biblia define con claridad la importancia del liderazgo espiritual del hombre dentro del matrimonio (Efesios 5:23-25), y yo creo que parte de este liderazgo debe comenzar en esta etapa de la relación.

Las chicas con las que he dialogado, cristianas y no cristianas, todas están de acuerdo. Ellas *desean* que sea el chico quien tome la iniciativa y que guíe a la relación.

Entonces, ¿cómo debe suceder esto? Creo que el hombre debe decir algo así: "Nosotros estamos creciendo cada vez más en esta relación de amistad, y necesito ser honesto en cuanto a cuáles son mis intenciones. Con el permiso de tus padres, me gustaría poder explorar la posibilidad del matrimonio. No estoy interesado en jugar el jueguito de noviecito y noviecita. Estoy listo para ser puesto a prueba por ti, por tu familia y por aquellos que son responsables de tu persona. Mi deseo es conquistar tu corazón".

Pero estarás pensando, "suena tan serio." ¡Sí, lo es! El corazón y el futuro de una mujer no son cosas con las que se puede jugar. Es por esta razón que la actitud de incertidumbre e indecisión de parte de los hombres es tan censurable, a la hora de ser confrontados con "o te decides a una relación seria o te vas".

Hay un momento caballeros, en que debemos ser audaces, y siento decirlo, pero la realidad es que demasiadas veces es precisamente esto lo que no tenemos. Hemos perdido por completo el concepto de la caballerosidad. Le hacemos daño a las chicas al procurar el romance antes que estemos preparados para el compromiso, y luego demostramos indecisión cuando llega el tiempo en que debemos comprometernos. ¡Basta ya! ¡Es tiempo de crecer!

En este punto las chicas también tienen su responsabilidad. Mujeres, sean completamente honestas en sus respuestas cuando un hombre les declare sus intenciones. En algunos casos, tal honestidad puede implicar tener que rehusar la oferta de ir más allá de una amistad. Pero si en tu vida has recibido las mismas "luces verdes", la honestidad puede significar decirle: ¡Estoy preparada para probar y ser puesta a prueba! Es una carretera de dos vías. El joven trabajará arduamente con la intención de ganar tu afecto, pero tú también estás a prueba. ¿Estás preparada para que ese hombre se acerque un poco más a tu corazón, y ser puesta a prueba por su familia?

5. *Honra a los padres de la chica.*
En el caso de Jason, Shelley era la segunda persona que se enteraba de su deseo de considerar el matrimonio. Después de un largo período de tiempo en el cual se dedicó a conocerla y a orar, Jason sintió suficiente confianza para proceder al próximo paso. Pero antes de entrar en acción, él escogió darle el merecido honor a los padres de Shelley, al pedirle en primer lugar su permiso para conocer a su hija más de cerca, con el propósito de considerar el matrimonio.

Personalmente, mi intención es hacer lo mismo. En mi opinión, esta es la mejor manera de comenzar una relación con tus futuros suegros. Estoy consciente de que esto no es siempre posible. Algunos amigos que conozco han hablado con la chica primero y luego se han presentado ante los padres. En otras situaciones, el padre o la madre no viven cerca o no están activos en su papel de padres. Cualquiera que sea el caso, lo importante es el principio: un joven debe demostrar respeto hacia la persona que es responsable de la joven. Si esto significa que tienes que acercarte al pastor de la joven o a su abuelo, hazlo. Tal vez debas escribir una carta, llamar o enviarle un mensaje por correo electrónico a sus padres, hazlo. Haz todo lo que tengas que hacer con tal de darles el respeto que se merecen.

Colócate tú mismo a prueba

Durante esta etapa, invita a los padres de la joven para que te hagan todas las preguntas que estimen pertinentes. ¿Qué plan tienes para mantener a su hija? ¿Qué tipo de actividades tienes pensado hacer con el propósito de lograr que ella acepte casarse contigo? Las preguntas de los padres van a variar, dependiendo de la relación que tengan con su hija y de sus convicciones personales.

Desafortunadamente, a muchos padres no les va a importar para nada todo esto. Ellos pueden hasta creer que estás siendo un poco melodramático, o que estás tomando las cosas muy en serio. "Escucha muchacho, si deseas a nuestra hija, llévatela." Pero habrá muchos padres que se sentirán muy emocionados al participar dando consejos y proveyendo dirección durante esta emocionante etapa de la relación.

También es posible que expresen genuina preocupación por la relación o si es el momento adecuado. Conozco un padre que puso en tela de juicio la madurez espiritual de un joven que estaba interesado en su hija. Este joven hacía poco tiempo que había regresado a los caminos del Señor, y había terminado con un compromiso de matrimonio con otra chica hacía cuatro meses. El padre le pidió al joven que se alejara por un tiempo y que se probara a sí mismo durante los próximos meses. El joven se probó a sí mismo, pero no de la mejor manera. El rehusó honrar la petición del padre y continuó tratando de ver a la joven sin el consentimiento del padre. Finalmente la joven le dijo que no estaba interesada en establecer una relación de mayor profundidad con él.

No importa cuál sea la respuesta que recibas de los padres, debes ser lo suficientemente humilde como para escucharlos y honrarlos. Al hacerlo Dios te ha de bendecir. Recuerda lo siguiente, ellos han invertido gran parte de sus vidas en su hija. Y Dios los puso para que le ofrezcan protección. No intentes burlarte de su autoridad. Al contrario, sométete y benefíciate de su sabiduría.

6. *Pon a prueba y edifica la relación en situaciones reales y cotidianas.*

Ahora la relación va hacia una etapa emocionante que se ha perdido en nuestras relaciones actuales. Este es el momento para que el joven conquiste el corazón de la muchacha, y para que los dos pongan a prueba la sabiduría de un posible futuro matrimonio. Es un tiempo para crecer en intimidad; pero a diferencia de la intimidad actual, en muchos noviazgos, esta intimidad tiene un propósito.

Queremos intercalar una etapa de transición entre la amistad profunda y el compromiso —un período de romance guiado por principios—. Esto no es sólo con la intención de tener diversión romántica, sino que está decidido a lograr el matrimonio, ofrece protección al evitar la tentación sexual, y da cuenta de su proceder a los padres y a otros creyentes.

Durante este período existen objetivos y responsabilidades claramente definidos. Durante la etapa de conquista —de corazón y prueba/logro— dentro de su relación, mis amigos Jeff y Danielle Myers identificaron actividades que les permitían servir a los demás y a la vez aprender juntos. Aunque participaron en actividades solos como pareja, la mayor parte del tiempo que pasaron juntos fue con amigos y familiares. Participaban en citas dobles donde se unían a sus padres y preparaban una cena para diferentes parejas casadas dentro de la iglesia.

Trayendo el romance a casa

Uno de los aspectos más desafortunados de la práctica moderna de las citas, es la distancia que hay entre el proceso del romance y la calidez y realidad del hogar. Demasiado de lo que ocurre en las citas y el noviazgo a corto plazo sirve para separar a dos personas de la gente que más los conoce y los ama, en vez de crear unión entre dos familias. Más tarde en el matrimonio, la pareja aprenderá a valorar el apoyo y la participación de ambas familias. Ahora es el momento para fortalecer esas relaciones.

Disponer del apoyo y la dirección de los padres durante este tiempo es invaluable. Cierta familia escribió las siguientes normas con el propósito de ayudar a su hija y a su pretendiente. A pesar de que esta guía fue escrita para una pareja en especial,

y bajo circunstancias específicas, creo que la encontrarás útil
para aclarar el propósito y el enfoque de esta etapa.

1. William debe hacer que crezca la confianza de María.

2. Comiencen estableciendo una amistad íntima. Hablen
sobre muchos temas. Discutan sus sentimientos, preocupaciones, visiones, esperanzas, sueños. Aprendan cuáles son las
convicciones básicas del otro.

3. Intenten comprenderse el uno al otro: las diferencias
entre el hombre y la mujer, metas y funciones, cómo piensa
cada cual y cómo reacciona ante la vida.

4. Intenten comprender cuáles son las cosas que cada uno
valora y cuáles son las que detestan.

5. Comiencen a invertir en el otro, al orar el uno por el
otro, al servirse mutuamente y haciéndose regalos. Ejemplos:
cartas, llamadas telefónicas, flores.

6. Pasen tiempo juntos mayormente en círculos familiares,
pero también a solas por corto tiempo —salgan a caminar
juntos, siéntense juntos en el columpio. Por favor eviten la
idea de las citas. Este debe ser un tiempo de aprendizaje y
comunicación.

Aun cuando no goces de la participación de tus padres,
normas como estas te ayudarán a proceder de acuerdo con
una relación guiada por principios. Esta lista permite sabiamente que el amor se vaya desarrollando, y protege el proceso
al mantener la interacción dentro de los límites seguros.

Busca maneras creativas dentro de tu propia relación que
te ayuden a mantener el enfoque en el aprendizaje, la prueba,
y el crecimiento; y no tan sólo deleitándote en el amor
romántico. Esto les va a permitir conocer verdaderamente al
otro, y harán posiblemente la decisión más sabia respecto al
matrimonio.

Preparado para "toda la vida".

El período de prueba y conquista del corazón sólo debe tomar
el tiempo que sea necesario para que ambos se sientan cómo-
dos con la idea de casarse. Llegará el momento en que termina

el tiempo de observar, orar, pensar y dialogar. Entonces llega el momento de la verdad: "hacer la gran pregunta" (etapa 4). Esto no debe ser una sorpresa para nadie, pero aun así sigue siendo un momento muy especial.

Obviamente, si durante la etapa de prueba hay problemas y preocupaciones que crecen con respecto de pensar sabiamente en unirse, entonces deben detener todo el proceso de la relación, y quizá tengan que considerar ponerle punto final. Pero si ambos se sienten seguros del amor que se tienen, y sus padres apoyan la relación, entonces no hay razón alguna para demorar el compromiso y comenzar la planificación de la boda.

7. *Reserven la pasión para el matrimonio.*

Finalmente, establezcan normas bien definidas para el afecto físico, por medio de las cuales se han de guiar a través de toda su relación, procurando siempre honrar a Dios. Aquí sólo les puedo volver a repetir lo que ya les he dicho en el capítulo 6: La pureza implica una dirección en la cual andas. No es una línea que se cruza repentinamente para ir demasiado lejos. El enemigo de nuestras almas ama echar a perder la belleza del amor que está floreciendo, al llevarte por el camino de la lascivia y el compromiso sexual. Por favor, no le des ocasión para que te tiente.

Me agrada el consejo que Elizabeth Elliot le da a las parejas: "Mantengan las manos en su debido lugar, y su ropa también." Hasta que no estén casados, por favor no se traten como si sus cuerpos ya les pertenecieran. Los besos, los toques, y las caricias que son comunes en los noviazgos a corto plazo y en las citas, a menudo resultan en confusión y en una forma de ceder en tus convicciones. Tal comportamiento generalmente tiene como fundamento el egoísmo, y despierta deseos que en realidad sólo deben ser satisfechos en el matrimonio. Protéjanse el uno al otro y reserven su pasión para el matrimonio al rehusar comenzar con dicho proceso.

Personalmente, me he comprometido a esperar, incluso por un solo beso, hasta el matrimonio. Quiero que el primer beso que le dé a mi esposa sea el día de nuestra boda. Sé que para muchos esto suena bastante arcaico, y en realidad yo también me hubiese burlado de esta idea unos cuatro años atrás. Pero he llegado a comprender lo pecaminoso y sin significado que puede llegar a ser la intimidad física separada del compromiso y la pureza del matrimonio.

Que todo tu enfoque esté en el alma

A pesar de que es difícil, el no involucrarse físicamente en una relación te permitirá concentrarte en el alma de tu futura esposa. Una pareja me dijo en cierta ocasión que su lema era: "Allí donde comienza el progreso físico, termina el progreso de la profundidad". En otras palabras, tan pronto como comiencen a concentrarse en el aspecto físico de su relación, deja de haber profundidad en el aspecto espiritual y emocional. Debes hacer un compromiso con Dios, con tus padres, con tus consejeros cristianos, con tus amigos y con tu novia o novio de poner a dormir tu pasión, reservando de esta manera tu deseo para el lecho matrimonial. El mismo despertará con gozo a su debido tiempo.

Cumplir con este compromiso involucra en parte evitar situaciones y lugares que se prestan para la tentación. Esto no quiere decir que nunca podrás disfrutar de privacidad. Pero es cierto que dos personas pueden tener privacidad y tiempo a solas, sin tener que aislarse por completo de sus padres y amigos. Cuando tengan actividades que los involucran a ustedes dos solos, asegúrense de planificar bien su horario, eviten una atmósfera y enfoque sensual, y háganle saber a alguien sobre su paradero y cuándo regresarán a casa.

Recuerda que al retardar la intimidad sexual, estás guardando tu pasión, y de esta manera haces que el amor sexual dentro del matrimonio cobre un significado aun mayor. No permitas que la impaciencia del presente te robe lo que puede ser una apasionada relación sexual matrimonial completamente pura.

Guiados por el Espíritu Santo

El nuevo patrón del cual hemos estado hablando es sólo un bosquejo. Al igual que cualquier otra cosa, una pareja puede manipularlo para cumplir sólo con los mínimos requerimientos. Pero yo creo que ese manejo le robará a la pareja poder experimentar lo mejor que Dios tiene para ellos. Pero cuando el Espíritu Santo rige nuestras vidas, La Biblia nos dice: "produce en nosotros amor, gozo, paz, paciencia, benignidad, bondad, fidelidad, mansedumbre, templanza". (Gálatas 5:22-23 LBAD). Cuando el Espíritu Santo guía nuestro andar hacia el matrimonio, nuestras relaciones van a manifestar estas mismas cualidades.

El progreso de la *amistad casual* a *amistad profunda* a *intimidad con propósito e integridad* a *compromiso*, no va a resolver los problemas de las relacionales que hay en el mundo. (¡Siempre que pecadores como tú y yo estemos involucrados, podremos hallar maneras de dañar las cosas!) Pero sí nos puede mover hacia una manera más sabia y cuidadosa de acercarnos al matrimonio. Para aquellos que están verdaderamente comprometidos con complacer a Dios en todo y amar a los demás con sinceridad, espero que esta nueva pauta pueda llevarlos a la muy necesitada renovación de pureza, valentía y al verdadero romance de las modernas historias de amor. Te animo a que crees tu propia historia de amor al someterte a principios que honren a Dios en las relaciones. ¡Nunca te arrepentirás de haber procurado lo mejor que Dios tiene para ti y tu futuro cónyuge!

Capítulo Dieciséis

Algún día tendré una historia que contar

ESCRIBIENDO UNA HISTORIA DE AMOR DE LA CUAL TE SENTIRÁS ORGULLOSO

No hay nada más romántico que escuchar un relato honesto y completo de la historia de amor de una pareja. Serás uno de los privilegiados cuando tengas la oportunidad de escuchar esta historia de los labios de tus padres.

Yo crecí escuchando cómo fue que mis padres se conocieron y se casaron. Las fotos de la familia me han servido de ayuda visual, porque me permitieron "ver" cómo eran mamá y papá cuando se conocieron por primera vez. En mi mente, me transporto a aquellos momentos donde observo en silencio esa situación tan especial...

"La ciudad de Dayton, en el estado de Ohio, no es el sitio más apropiado para un fogoso romance. A papá le gusta señalar que Dayton fue el lugar que vio nacer el avión y el motor de encendido automático, decía él bromeando, que te ayudan a salir del pueblo deprisa. Pero, a pesar de los chistes y comentarios humorísticos de mi padre, este pueblo sirvió como escena para la historia de amor de mis padres, en el año 1973.

Al transportarme "en el túnel del tiempo" al año 1973, decido visitar la iglesia a la cual mis padres asistían. La primera Iglesia Bautista estaba ubicada en la esquina de las calles Maple y Ridgeway, y estaba compuesta por una mezcla de la antigua tradición y jóvenes de la nueva generación, un grupo de presuntos revoltosos denominados "La gente de Jesús" de los cuales forman parte mis padres. Encuentro un asiento en el café localizado en el sótano de una antigua casa al lado de la iglesia. "La Roca" como lo llamaban, estaba lleno de estudiantes de la escuela superior, y un joven con "pantalones vaqueros" y una camiseta desteñida está sentado en una silla cantando y tocando la guitarra. Ese joven es mi padre.

Su cabello es largo y revuelto. No puedo dejar de sonreír al ver lo flaco que está. Y por supuesto tenía su bigote. "Hay cosas que nunca cambian", pensé.

La canción que entona es simple pero apasionada. En el futuro le pondría como título "Tres acordes y la verdad". Ya había escuchado esta canción antes pero era un hombre mayor el que la cantaba, por nostalgia, y haciendo frecuentes interrupciones para preguntar: "¿Cómo dice la próxima línea?" Pero al escucharla en labios de alguien de mi misma edad me llamaba la atención.

Se acerca el tiempo, ya no tardará.
Cada uno se habrá marchado.
Nos encontraremos ante el Gran Trono Blanco;
Y algunos preguntarán qué está pasando.

Se me había olvidado que cuando joven, mi padre también se había enfrentado a un mundo desconocido y confuso. Hacía poco tiempo que había regresado a los caminos del Señor y a su pueblo natal de Dayton.

Por varios años había estado viajando de un sitio de veraneo a otro —Laguna Beach, Lake Tahoe, Vail— donde en los restaurantes tocaba su guitarra y cantaba por propinas. Ahora, el joven que un día se escapó de la casa sin saber adónde iba, estaba aquí tocando su guitarra para Jesús. Algunos se preguntan si por fin hará algo provechoso con su vida. (Por supuesto que lo hará.)

También mi madre está aquí esta noche. Qué cosa tan extraña poder ver a mi madre como una hermosa joven. No puedo dejar de mirarla. De joven posee todas las mismas costumbres que he observado en ella a través de toda mi vida. Es tan diferente, y a la misma vez tan parecida. ¡Con razón papá la ama tanto! Veo como ella le da un vistazo mientras él toca y se queda simulando no estar muy interesada.

A esta altura de su vida, mi madre sólo tiene un año de creyente. Es un poco obstinada e independiente. A los diecinueve años es una talentosa bailarina de ballet, pero el aceptar a Cristo como su Salvador ha interrumpido sus ambiciones por una carrera profesional. Insegura en cuanto a su futuro, ella se inclina hacia la posibilidad de considerar las misiones en el extranjero. De algo sí está segura: no quiere casarse nunca, y nunca jamás, desea tener hijos. Me pregunto cómo ha de reaccionar si me presento ante ella y le digo que soy el primero de sus seis hijos.

Me acerco un poco más a su mesa y me doy cuenta que mi papá viene caminando hacia ella. No me quiero perder su conversación. Papá trata de aparentar como que no tiene nada en mente mientras se acerca, pero es obvio que desea hablar con ella.

"Él nunca ha sido muy sutil", dije yo en voz baja. "Estoy lo suficientemente cerca para escuchar cuando él se acerca y la saluda."

—Hola Sono, me preguntaba si tú y tu hermana necesitan que alguien los lleve a su casa esta noche.

"Así que esta es la gran noche", me dije. "He escuchado en innumerables ocasiones la historia respecto a esta conversación. Me inclino hacia adelante para escuchar la respuesta de mi mamá."

—No, gracias —dijo ella—. Newton Tucker nos va a llevar a casa.

Cuando quiere, mi mamá puede ser brusca, y esta noche no tenía comparación. Mostrando completa indiferencia, ni siquiera trata de ser cortés.

—Bueno... quizá pueda llamarte en algún momento —dijo mi padre.

"Gracias a Dios que no se ha percatado", pensé yo. "Cualquier otro individuo se hubiera dado cuenta del mensaje de rechazo que le enviaba mi madre, pero papá no. ¡No señor! Y me alegro que haya sido así. ¡De no haber sido por el indomable espíritu Harris, yo no estaría aquí!"

Mi mamá lo miró nuevamente y le respondió con evidente malhumor:

—¡Ummm!

—¿Cuál es tu número de teléfono? —le preguntó mientras ella se ponía de pie para marcharse.

Ella lo miró, hizo una leve pausa, y luego le dice:

—Lo puedes encontrar en el directorio de la iglesia.

"¡Auch!", dije en voz alta. "Mamá puede ser tan fría. 'Lo puedes encontrar en el directorio', eso sí que es ser áspero."

Mi papá permanece de pie en silencio mientras ella se aleja, y suspira mientras la ve desaparecer al subir las escaleras. La situación parece ser bastante desesperante.

Pero yo conozco el final de la historia, y es mi parte favorita. Es donde Dios se involucra en el asunto.

Esa misma noche, después de la infame respuesta "lo puedes encontrar en el directorio", mi madre y mi padre oraron el uno por el otro en la privacidad de sus habitaciones.

La frialdad de mi madre hacia el joven guitarrista en la cafetería tenía una explicación. A ella le agradaba su música, y su seriedad respecto a las cosas del Señor captaron su atención. Pero, desde el día en que vino a los pies de Cristo, había sido acosada por unos chicos cristianos enloquecidos por conseguir novia, cuya fe residía sólo en sus hormonas. Más de un joven le había dicho que había recibido palabra de parte de Dios diciéndole que ella sería su esposa. Mi madre aprendió muy pronto que muchos jóvenes usaban excusas y proposiciones religiosas sólo con el objetivo de conseguir una chica. De esta actitud ella estaba cansada y sentía asco.

"Señor", dijo ella en oración, "si este joven es diferente a los demás, si en verdad él te escucha a ti, entonces dile que no me llame. Ella apagó la luz y se durmió."

Al otro lado del pueblo mi padre estaba elevando su oración. El haber tenido varios malos comienzos con otras jóvenes, lo habían dejado con sentimientos de inseguridad respecto a cómo debía proceder. "Señor, muéstrame por favor si debo llamar por teléfono a esta joven."

La oración que elevó no fue ni siquiera una petición, sólo una declaración hecha para salir del paso; en el pasado Dios nunca se había involucrado en sus intereses románticos, y en realidad no esperaba que lo hiciera tampoco en esta ocasión. Lo cierto es que ya estaba planificando llamarla, y estaba practicando un discurso con la esperanza de conquistar su corazón.

Pero esa noche mi padre se enfrentó a algo diferente. Pudo percibir con claridad que Dios le estaba hablando y le decía: "George, no la llames".

Dios habló. Mi padre obedeció.

Y como dicen por ahí, el resto es historia.

Confusa y desordenada

Aunque es difícil de imaginar, algún día le contaré a *mis* hijos la historia que hoy escribo con mi vida. Pero ese sueño hace muy poco por librarme del confuso laberinto llamado "hoy". John Gardner dijo: "La historia no parece historia cuando la vives. Siempre nos parece confusa y desordenada, y siempre se siente incómoda".

Al encontrarme de este lado del matrimonio, y sin una posible compañera a la vista, me encuentro en medio de la misma confusión y desorden. Tengo tantas preguntas que deseo hacer. ¿Podré darme cuenta cuando esté caminando por la historia por primera vez? ¿Podré reconocer el acontecimiento que será el comienzo de los capítulos de mi historia de amor junto a mi compañera? ¿Se detendrá el tiempo sólo por un momento para decirme que esta persona —esta única persona, de entre los miles de millones que se mueven por todo el mundo— es la que me conviene? ¿Podré identificarlo cuando suceda? ¿O está la posibilidad que pase a mi lado sin reconocerla?

Hay preguntas que es mejor ni hacerlas. Sé que debo echarlas a un lado y esperar a que la vida despliegue sus misterios. Algún día, cuando tenga más edad y más sabiduría, me sentaré a contarle mi historia a quien desee escucharla. Y al contarla ¿me acordaré de las dudas e interrogantes de hoy, o habré olvidado los anhelos silenciosos? ¿Se habrán desvanecidos así como son borradas las pisadas hechas en la arena a orillas del mar? Probablemente le diré a algún joven necio lo mismo que me he cansado de escuchar de parte de otros. Le diré que espere que llegue el momento apropiado, "porque a la larga saldrá beneficiado". Y por supuesto, también le diré que "Estos asuntos no se pueden hacer deprisa".

Algún día tendré una historia que contar. Y tú también. ¿Cuál será tu reacción cuando un día de estos mires hacia atrás y veas tu historia de amor? ¿Traerá a tus ojos lágrimas de gozo, o lágrimas de remordimiento? ¿Te hará recordar la bondad de Dios o tu falta de fe en su bondad? ¿Será una historia de pureza, fe y amor desinteresado, o será de impaciencia, egoísmo y traición a tus convicciones? La decisión es tuya.

Te animo (y me lo recuerdo a mí mismo otra vez) a que con tu vida escribas una historia de amor de la cual te sientas orgulloso de contársela a otros.

Notas

Capítulo 2

Stephen Olford, "Social Relationships", un sermón grabado en Moody Bible Institute.

C.S. Lewis, *The Four Loves* (Orlando, Fla.:Harcourt Brace and Company, 1960), 66.

Elisabeth Elliott, *Passion and Purity* [Pureza y pasión] (Grand Rapids, Mich.: Baker Book House, 1984), 153.

Capítulo 5

William J. Bennett, *The Book of Virtues* (New York: Simon and Schuster, 1993), 57.

Marshmallows -Nancy Gibbs, "The EQ Factor", *Time* (Octubre 2 de 1995), 60.

Elisabeth Elliott, Pureza y pasión, 164.

John Fischer, *A Single Person's Identity?, un sermón predicado el 5 de agosto de 1973, en Península Bible Church, Palo Alto Calif.*

May Riley Smith, "Sometime", *The Best Loved Poems of the American People* (New York: Doubleday and Company, 1936), 299.

Capítulo 6

"Recognize the Deep Significamce of Physical Intimacy". Estoy en deuda con Lynn Denby, quien me escribió una carta en la cual retó mi manera de pensar respecto a la manera en que los chicos y las chicas deben relacionarse antes del matrimonio.

Billy Graham-William Martin, *A Prophet with Honor: The Billy Graham Story* (New York: William Morrow and Company, 1991), 107.

Capítulo 7

The Room-Joshua Harris, "The Room", *New Attitude* (Primavera de 1995), 31. Reimpreso con permiso.

Capítulo 9

C.S. Lewis, *The Four Loves*, 66.

Capítulo 10

Elisabeth Elliott, *Passion and Purity* [Pureza y pasión], 31.

Stephen Covey, A Roger Merrill, y Rebecca R. Merrill, *First Things First* (Nueva York: Simon y Schuster, 1994).

Beilby Porteus-Dr. Ruth C. Haycock, ed. *The Encyclopedia of Bible Truths for School Subjects* (Association of Christian Schools, 1993), 393.

Capítulo 12

Cartherine Vos-Catherine F. Vos, *The Child's Story Bible* (Grand Rapids, Mich.: William B. Eerdmans Publishing Company), 29. Usado con permiso.

Gregg Harris, "The Adventure of Current Obligations", *The Family Restoration Quarterly* 1 (febrero 1987), 2.

Capítulo 13

Gary Ricucci y Betsy Ricucci, *Love that Lasts: Making a Magnificent Marriage* (Gaithersburgh, Md.: People of Destiny, 1992), 7-10. Usado con permiso.

Mike Mason, *The Mystery of Marriage: As Iron Sharpens Iron* (Sisters Ore.: Multnomah Books, 1985), 166.

Ann Landers, "All Marriages Are Happy." Permiso otorgado por Ann Landers y Creators Syndicate.

Lena Lathrop, "A Woman?s Question," *The Best Loved Poems of the American People*, 22.

Capítulo 14

Randy Alcorn, "O.J. Simpson: What Can We Learn?", *Eternal Perspectives* (verano de 1994).

William Davis, "Reputation and Character", *The Treasure Chest: Memorable Words of Wisdom and Inspiration* (San Francisco: Harper Collins, 1995), 54.

Samuel Smiles-William Thayer, *Gaining Favor with God and Man* (San Antonio: Mantle Ministries, 1989), 41.

David Powlison y John Yenchko, "Should We get Married? *Journal of Biblical Counselling* 14, (primavera de 1996), 42.

A.W. Tozer, *The Best of AW Tozer* (Grand Rapids, Mich.: Baker Book House, 1978), 111.

Bill Bennett-William J. Bennett, *The Book of Virtues*, 347.

E.V. Hill-James Dobson, *Focus on the Family Newsletter* (febrero de 1995), 3.

Charlotte M. Mason, *The Original Homeschooling Series* 1 (Wheaton, Ill.: Tyndale House Publishers, 1989).

Benjamín Tillet-*The Encyclopedia of Religious Quotations* (Westwood, N.J.: Fleming H. Revell Co., 1965), 298.

Benjamín Franklin-*Notable Quotables* (Chicago: World Book Encyclopedia, 1984), 65.

Capítulo 15

Wycliffe-Charles F. Pfeiffer, ed. *Wycliffe Bible Commentary* (Chicago: Moody Press, 1963), 603.

"Guidelines for Winston and Melody" -Kenneth y Julie McKim, *Family Heritage Newsletter* (septiembre de 1994).

Elisabeth Elliott, *Quest for Love* (Grand Rapids, Mich.: Baker Book House, 1996), 269.

Capítulo 16

John Gardner -*Notable Quotables*, 48.

Dad's Song-Gregg Harriss, "It's a Shame," © 1972.

Gracias...

A Computadoras Apple por el Duo 230.

A Don Miller por soñar conmigo mientras compartíamos varias "cenas de pollo picante al horno."

A Greg Somerville y Donna Partow, quienes me alentaron a que siguiera adelante.

A Randy Alcorn, quien me demostró gran bondad cuando yo no podía hacer nada por él. Me aconsejó sobre las propuestas para el libro, me introdujo a la casa Editora Multnomah, y me animó grandemente mientras escribía el libro. A Karina Alcorn por leer los primeros capítulos.

A Stephanie Storey, que insistió en que "alguien lea el manuscrito de este muchacho." A Brenda Saltzer por haberlo leído. A Don Jacobson y a Multnomah por creer que los "donnadie" también pueden escribir libros. A Dan Benson por su pastorado, y a Lisa Lauffer por su trabajo de edición. A todos los demás en Multnomah que siempre procuran la excelencia. Me siento honrado de pertenecer a dicho equipo.

A Michael Farris por "creer en lo que no se ve."

A Gary y Betsy Ricucci por ofrecer de su intuición respecto al matrimonio. A John Loftness por la edición improvisada.

A todos los lectores de la revista *New Attitude* y a los que participaron en las conferencias que oraron por este proyecto y creyeron en él. A aquellos que escribieron y compartieron aspectos personales de sus vidas: Grace Ludlum, Anna Soennecken, y de manera particular al grupo de amigos por correspondencia "Eugene Harris".

A Amy Walsh, Greg Spencer, Kay Lindly, Debbie Lechner, Matt y Jenny Chancey, Amy Brown, Martha Ruppert, Matt y Julie Canlis, Sarah Schlissel, Rebekah Garfield,

Kristine Banker, Rebecca Livermore y Josh Carden quienes escucharon mis ideas y compartieron inestimables perspectivas en el momento preciso.

A "la pandilla", mis hermanos y hermanas en el Señor: Ben Trolese, Ruth y Sheena Littlehale, Julie Womack y Sharon Stricker, cuyo ánimo, amistad y ejemplo sirvieron como un rayo de esperanza durante las etapas finales del manuscrito. Gracias por soportar las conversaciones: "Tenemos que hablar sobre el amor y el romance otra vez". Gracias por ser gente real. Hablé desde el corazón por causa de ustedes.

A la abuela Sato quien me ha aconsejado a través de más de un "asunto de chicas'.

A Rebecca St. James por haber escrito el prefacio, pero más importante aun, por su amistad y exuberancia al servir al Señor.

A la señora Elliot Gren por toda una vida de fidelidad a Dios.

A Andrew Garfield, mi amigo y hermano a quien le doy cuenta por mi conducta, cuyo servicio durante las conferencias me permitieron entregarme de un todo a escribir. La próxima salchicha en el restaurante O'Hare va por mí, hermano.

A mi hermano Joel, que me permitió dejar la luz encendida durante las noches mientras escribía el libro.

A mis demás hermanos Alex, Brett, Sarah, e Isaac —sin ellos hubiese podido terminar el libro mucho antes— pero no lo cambiaría por nada. Gracias por el ruido.

A C.J. Mahaney por su defensa de la doctrina del pecado y la Iglesia. Gracias por todas las horas invertidas en el teléfono "reajustando".

A Janet Albers, mi segunda madre, y verdadera "colaboradora" en Cristo. Ella fue la administradora de la revista *New Attitude* mientras yo estaba ocupado escribiendo el libro. Hizo correcciones, editó, lo hizo todo. Gracias por creer en mí.

A mi madre y mi padre quienes han sido y siempre serán mis primeros editores. Gracias por criarme y enseñarme que siempre debo intentar llegar hasta las estrellas. Gracias por cuidar de mí cuando me sentía que las ideas no fluían, y por regocijarse conmigo al finalizar cada capítulo. Mi triunfo es su triunfo. Mi victoria es suya. Los amo.

A Jesucristo, "el dador del don, el que bendice la acción, el que ayuda durante el proyecto". Fue Él quien lo preparó todo y lo dirigió. Fue Él quien me dio a toda esta gente. Fue Él quien me perdonó. ¡Gracias Señor!

Acerca del autor

Joshua Harris no ha vivido el suficiente tiempo como para poder tener una biografía, pero está tratando de hacerlo. Por espacio de cuatro años publicó y editó la revista cristiana para adolecentes que son educados en el hogar titulada *New Attitude*. En el año 1996 dejó de publicar la revista al mudarse de su hogar en la ciudad de Portland, Oregón, para la costa este de los Estados Unidos de Norteamérica, donde reside hoy, y recibe entrenamiento y discipulado del pastor de la iglesia Covenant Life Church en la ciudad de Gaithersburg, Maryland. Él desea servir y bendecir al cuerpo de Cristo a través de la iglesia local; cuando crezca, él desea ser pastor.

Mientras tanto, Joshua participa como orador en conferencias nacionales de *New Attitude* y en otros eventos. Para ver el listado de dichas conferencias y eventos puede visitar la página de *New Attitude* en el "Internet":

http://www.newattitude.com/~joshuah/

Para comunicarse con Joshua para alguna conferencia o cualquier otro asunto, sírvase escribirle a la siguiente dirección (a él le encanta recibir correo electrónico, y le da la bienvenida a cualquier comentario sobre este libro):

Joshua Harris
P.O. Box 249
Gaithersburg, MD 20884-0249
E-mail: DOIT4JESUS@AOL.COM

.